庫

# 国境の島を行く
# 日本の領海がわかる本

山田吉彦

実業之日本社

# はじめに

冬になると北海道の最東端、根室《ねむろ》の海に流氷が押し寄せ、海と大地がひとつになる。納沙布岬《のさっぷみさき》からつながる氷の大地の先には、わずか3・7キロメートル離れたところに、日本の領土である歯舞《はぼまい》群島の貝殻島《かいがらじま》がある。歩いてでも行けそうな気がする。しかし、この島に自由に行くことはできない。ロシアに奪われたままだからだ。

日本は平和な国だと多くの国民は信じている。しかし、北方領土を目前にすると、この国が海をはさんだ隣国との間でいくつもの国境問題を抱えていることを実感する。

日本人は、この国を「ちっぽけな国」だと思っていることだろう。確かに陸地だけを見ると37万平方キロメートル、世界で61番目の国だが、海の広さ（領海と排他的経済水域を足した面積）は447万平方キロメートルにもなり、世界で6番目の広さとなっている。北は択捉島《えとろふとう》から南は沖ノ鳥島《おきのとりしま》まで3020キロメートル、東は南鳥島《みなみとりしま》から西は与那国島《よなぐにじま》まで3143キロメートルと実に広い国だ。冬の時期、択捉島の朝の気温はマイナス20度を下回るほどの寒さだ。しかし沖ノ鳥島では、同じ日、同じ時刻の気温が30度と暖かい。南鳥島と与那国島では経度の差が31度もあり、実質的な時差が2時間ほどにもなる。

日本の海は広く大きい。そこには、怖さがあり、厳しさがあり、その半面、さまざまな魅力がある。内外の歴史書的な文物も、それを伝えている。

「倭人《わじん》は帯方の東南の大海の中に在り。山島に依《よ》りて国邑《こくゆう》を為す」

3世紀末に中国で書かれた歴史書『三国志』のひとつ『魏志《ぎし》』に、中国の東方について書いた「東夷伝《とういでん》」がある。その中に倭＝日本を記述した項があり、一般的には、「魏志《ぎし》倭人伝《わじんでん》」と呼ばれている。日本人は、大海原の中に浮かぶ「島」に集落を作り暮らしていたことが書かれている。広大な中国から見ると、日本は小島の集まりに見えたのであろう。しかも、海岸まで切り立った山が多いため「山島」という表現になった。現在の日本も、船に乗り海から陸地を見ると、山島という言葉がぴったりだ。20世紀以降、世界有数の経済大国となった日本だが、大海の中にあることに変わりはない。この国は、数千の山島からなる島国であり、海洋国家なのだ。

日本は、とても美しい国だと思う。海という青いキャンバスに、島々が色とりどりに散りばめられている。その島々では、花や木、動物、景観などにも特徴を持つ。もちろん、そこに生きる人々の生活様式も異なり、祭り、風習、食卓に上る料理に至るまで、ありとあらゆるものに島々の個性がある。

日本人を「海の民」と「山の民」の2つに分ける研究者もいるが、すべての日本人は、この同じ国の中で互いに関わりながら生きてきた。農村や山間の内陸で暮らす人々にも、魚介類など海の恵みが配られ、塩を使った保存食も作られていた。山で暮らしていても海の恩恵を受けていたのだ。また、海辺の人々も山がなければ暮らすことができない。そもそも山で産する木材で船が作られ、大海原へと乗り出したのだ。山と海に分けるのではなく、国全体が島でできているのである。

この国には、海とともに歩んだ歴史がある。海を通して隣国との間で文化や風俗の伝来、友好の歴史もあれば、海を挟んで対峙《たいじ》した戦いの歴史もある。

奈良時代以前から仏教や漢字をはじめとした宗教、文化が海を越えて伝わり、日本中に伝搬し、日本人の生活水準を向上させた。現代では、日本人の培った技術力、あるいは経済力が海を越え、世界へと広がっている。

663年に、日本は朝鮮半島の友好国である百済《くだら》を救済するために大艦隊を派遣し、唐《とう》と新羅《しらぎ》の連合軍と戦って敗走し、海を天然の堀、島を天然の要塞として国防体制をとった。また、13世紀後半には、元《げん》と高麗《こうらい》の「元寇《げんこう》」連合軍による2回にわたる侵攻を受けたが、海岸線の攻防で撃退している。

日本は現在、中国、韓国、ロシアなどの隣国との間で海洋権益を守るための静かな戦いを続けているが、半面、これらの近隣国とは、旅行者の相互受け入れや留学生の交換などの友好的な関係も築いている。また貿易関係など経済交流は相互に依存しあう関係にある。「海」の視点から隣国との関係、とくに海の上にある国境の状況の歴史的背景を考えると、過去から未来にかけて海とともに存在する日本という国の姿を見ることができるだろう。

私は、北は択捉島から、南は沖ノ鳥島まで、海洋問題の研究者として歩いた。そして、オホーツク海、日本海、太平洋、東シナ海などの日本を取り囲む海や、東京湾や瀬戸内海など身近な海を船に乗り、陸と陸をつなぎ合わせて旅してきた。その旅先には、言葉ではいい尽くせないほどの、「美」があり、「楽」があり、「謎《なぞ》」があった。何より人の「心」で満ちあふれていた。

「事実は小説より奇なり」

日本の津々浦々に存在する海に関するノンフィクションをお読みいただきたい。本書は、読んだ方々が、「日本の海と国境」に思いをめぐらす旅へのナビゲーターとなることを目指し筆を進めた。読者の方々が、海への憧憬《しょうけい》を感じ、週末にでも海を見たいと思っていただけたら幸いである。

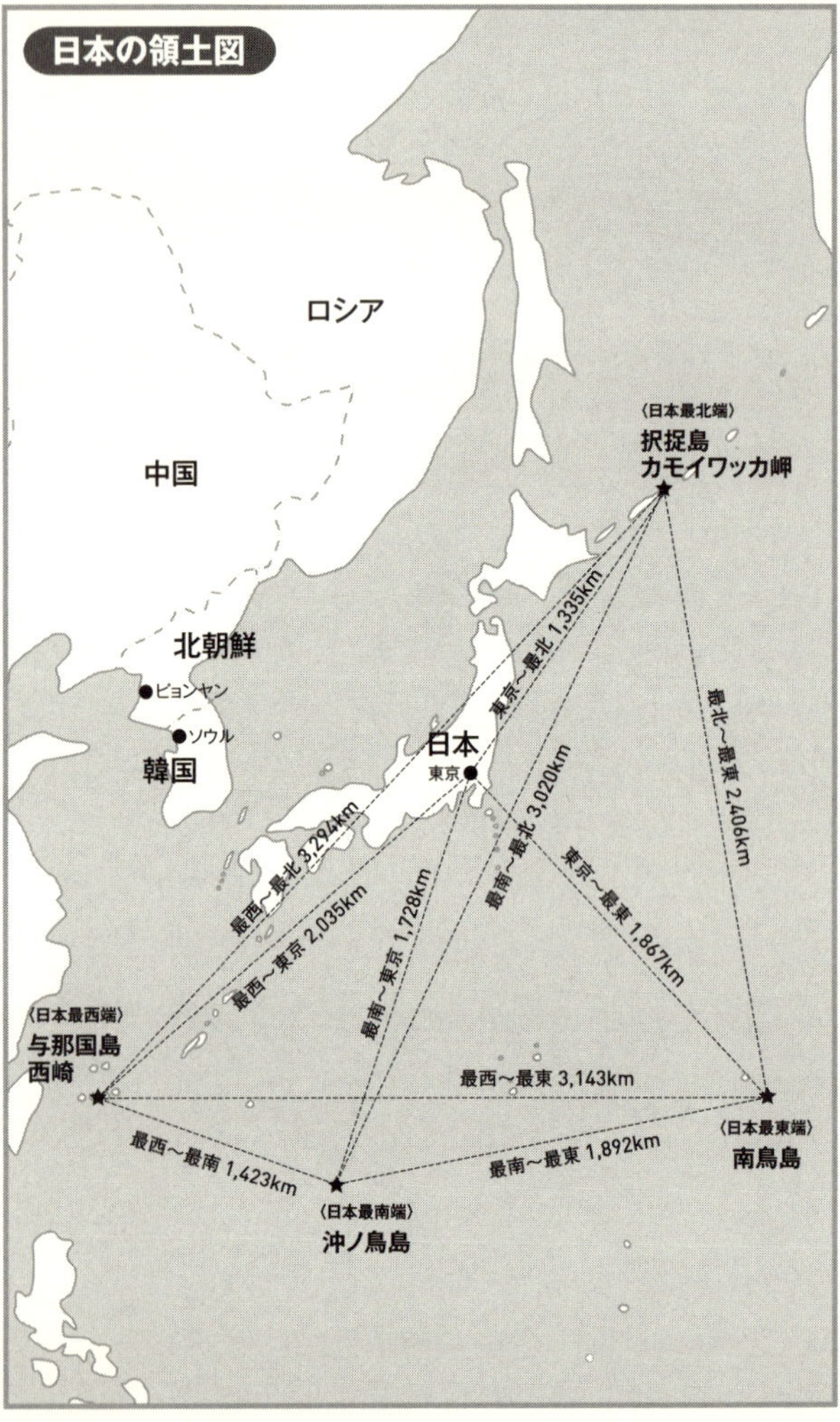

日本の領土図
ロシア
中国
北朝鮮
ピョンヤン
ソウル
韓国
日本
東京
〈日本最北端〉
択捉島
カモイワッカ岬
〈日本最西端〉
与那国島
西崎
〈日本最南端〉
沖ノ鳥島
〈日本最東端〉
南鳥島
東京～最北 1,335km
最北～最東 2,406km
最南～最北 3,020km
東京～最東 1,867km
最西～最北 3,294km
最西～東京 2,035km
最南～東京 1,728km
最西～最東 3,143km
最西～最南 1,423km
最南～最東 1,892km

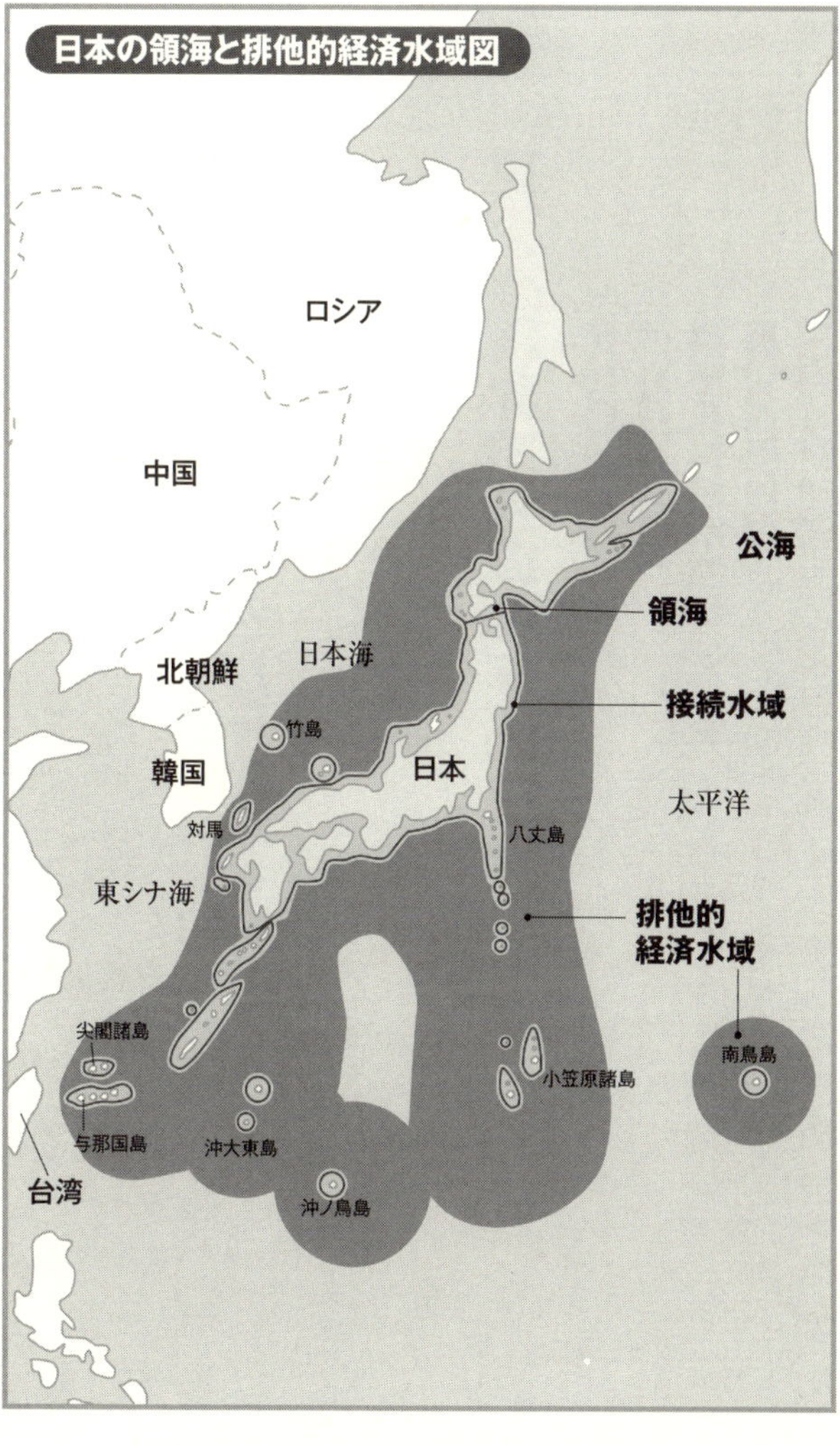
日本の領海と排他的経済水域図
ロシア
中国
北朝鮮
日本海
韓国
竹島
対馬
東シナ海
尖閣諸島
与那国島
台湾
沖大東島
沖ノ鳥島
日本
八丈島
小笠原諸島
南鳥島
太平洋
公海
領海
接続水域
排他的
経済水域

国境の島を行く 日本の領海がわかる本 **目次**

## 歴史編

教養編

## 日本の海と島の不思議に触れる

国境の島を行く 日本の領海がわかる本 **目次**

基本編

プロローグ

# 日本の国境を支える島々

日本の島の数

# 日本の国境はすべて海の上にある

## ✣ホノルルより南に位置する日本の島✣

日本の最北端は、択捉島《えとろふ》。北方領土といわれる、日本固有の領土であるが、第2次世界大戦終戦後にソ連に占領され、いまもロシアに実効支配されて一般の日本人は立ち入ることが難しい。

最南端は、沖ノ鳥島である。この島の緯度は、北緯20度25分で、ホノルル（米国ハワイ州）よりも南に位置し国内で唯一、熱帯性気候に属する。

最東端は、太平洋に浮ぶ絶海の孤島、南鳥島だ。この島では海上自衛隊と気象庁の職員だけが暮らしている。2010年度から港湾の建設工事が進められ、将来は太平洋の海底開発の起点となるだろう。沖ノ鳥島、南鳥島ともに東京都小笠原村に属している。

最西端は、与那国島である。四隅の中で唯一、民間人が住む島であり、定期航空路も定期航路もある。与那国島は、台湾の花蓮《かれん》市まで111キロメートル。国内で最も近い町といえる石垣市までは117キロメートルあり、隣の町より外国が近いのである。第2次世界大戦の終戦までは、日本国に併合されていた台湾との交流が盛んで文化は一体をなしていた。

## ✢70万人が日本の国境線を支えている✢

日本は島国というが、島の数は一体いくつあるのだろうか。東京にある日本離島センターは、日本における離島の市民生活の利便性を向上させるために、離島の自治体と連携を進める公益団体である。この日本離島センターでは、シマダスという日本の有人離島を網羅した島に関する事典を発行している。この事典によると、6852の島があり、このうち6847が「離島」とされている。

要は、北海道、本州、四国、九州、沖縄本島の5島を除く島が離島なのである。この島の数の出典は、毎年総務省統計局から出版される『日本統計年鑑』に記載されている国土構成島数によるものである。しかし、この島の数が発表されたのは昭和62年であり、すでに25年がたち海岸浸食などにより海没してしまった島もあると考えられる。島の定義自体も難しく、現在において正確な島の数は定かではない。

国際的な島の定義は、国連海洋法条約に定められている。

戦後、ＧＨＱ（連合国軍総司令部）の要請により海上保安庁水路部（現・海洋情報部）が調査した段階では、内海と港湾内の島を除いた数は、１０２５であったが、その後、奄美《あまみ》諸島、小笠原諸島、沖縄諸島の返還により、大幅に島の数が増加している。

昭和62年、海上保安庁水路部では関係する最大縮尺海図と2・5万分の1の陸図を用いて、周囲０・１キロメートル以上で水面に囲まれて陸と隔たり、自然に形成された陸地を島として公表した。この場合、埋立地は対象外であり、防波堤や橋により陸とつながっているものは島としている。

この海上保安庁の公表した数字を根拠に平成元年9月に発行された『第三九回日本統計年鑑』から日本を構成する島の数を北海道、本州、九州、四国、沖縄本島も含め、６８５２としたのである。当然、択捉島、国後島などの北方領土の島々や、韓国に武力占領されている竹島も含まれている。そのうち、有人島といわれる人が住む島は４２１である。日本の国境はすべて海の上にある。日本の安全保障上、また、海洋権益の確保のためには離島の管理は重要だ。日本の６８４７の離島に暮らす人口は、およそ70万人である。この70万人が日本の国境線を支えているのだ。

有人島と無人島

# 排他的経済水域の基点となる99の無人島

## ✣無人島は海賊の懲罰に利用されていた✣

カリブ海を荒らしまわった海賊たちにも掟《おきて》があった。この海賊の掟のなかに、仲間を裏切った者は、無人島に置き去りにするという罰があった。この罰を受ける者には、ひと瓶《びん》の水と拳銃《けんじゅう》1丁、銃弾1発が渡された。孤独に耐えられなくなったら、自ら命を絶つことを許したのだ。荒くれ者の海賊でさえ、無人島で生き抜くことは難しいということだった。

日本には、6847の離島（島の総数は6852）がある。このうち421が人が暮らす有人島である。引き算をすると無人島の数は、6426となる。これは、周囲が100メートル以上の島の数であり、それより小さい島は天文学的数値にのぼり、正確な統計がない。

日本の国内に点在する無人島には、多くは所有者がいるが、所有者が不在で土地の登記すらされていない島もある。個人の所有地でない島の管理は、地方自治体の仕事だ。ただし、沖ノ鳥島は国土交通省の管理となっている。所有者がいない無人島に勝手に人が住み始めた場合、その対応は地方自治体が行なうことになる。そのような無人島には、水もなければ食料もない。危険ということで、警察により保護されることになるだろう。

## ✢ 排他的経済水域の基点になる ✢

日本の排他的経済水域の基点となる無人島は、全国で99島である。日本の国境に99の無人島が並んでいるのだ。しかし、その中には、名前すら付けられていない島もある。それでは、島を管理しているとはいえない。島に人の居住もしくは、経済的な生活がない場合は、国連海洋法条約では排他的経済水域の基点とならないとされている。そこで、政府は、2012年、排他的経済水域の基点でありながら名称のない尖閣《せんかく》諸島（沖縄県石垣市）などに点在する39の無人島に名前を付けることを発表した。海岸の管理は地方自治体の仕事である。これらの無人島は、地方自治体が名前を付け政府に届け出て、国土地理院によって地図に記載される。

尖閣諸島を日本が領土とした時は、無人島であった。その後、200人以上の人が暮らした時期があるが、現在は再び無人島になっている。

たとえば、海底火山が噴火して新しい島が誕生した場合、どこの国の領土となるだろうか。

無人島がどこの国にも属さない場合、原則として最初に発見した国の領土に編入される。その場合、占有者がいないことを確認しなければならない。過去に占有者がいたとしても、占有を継続していなければ権利が認められないことが国際法の先例にある。

また、無人島を国家の領域に編入する際に、国連に届けるなどの特別な国際的な手続きが必要なわけではない。その国の法体系の中で、領有を明示することになる。そして、何よりも必要なのは実効支配することである。尖閣諸島の場合には、1895年1月14日に沖縄県八重山郡に編入することを閣議で決定し、翌年、領土として島に標識を立て、土地は、政府から古賀辰四郎氏に貸与され開拓が始まった。

時々、瀬戸内海や長崎県周辺では、いくつかの島が売りに出ることがある。無人島ライフを楽しみたい方は、地元の不動産屋に問い合わせてみることだ。ただし、多くの無人島には水や船の係留施設もなく、生活するには不向きである。また、環境保護や景観保全などのため、家を建てることが許可にならない島もあるので注意が必要だ。なお領海、排他的経済水域など海事に関する用語については20ページの図を参考にしてほしい。

## 5つの水域の図

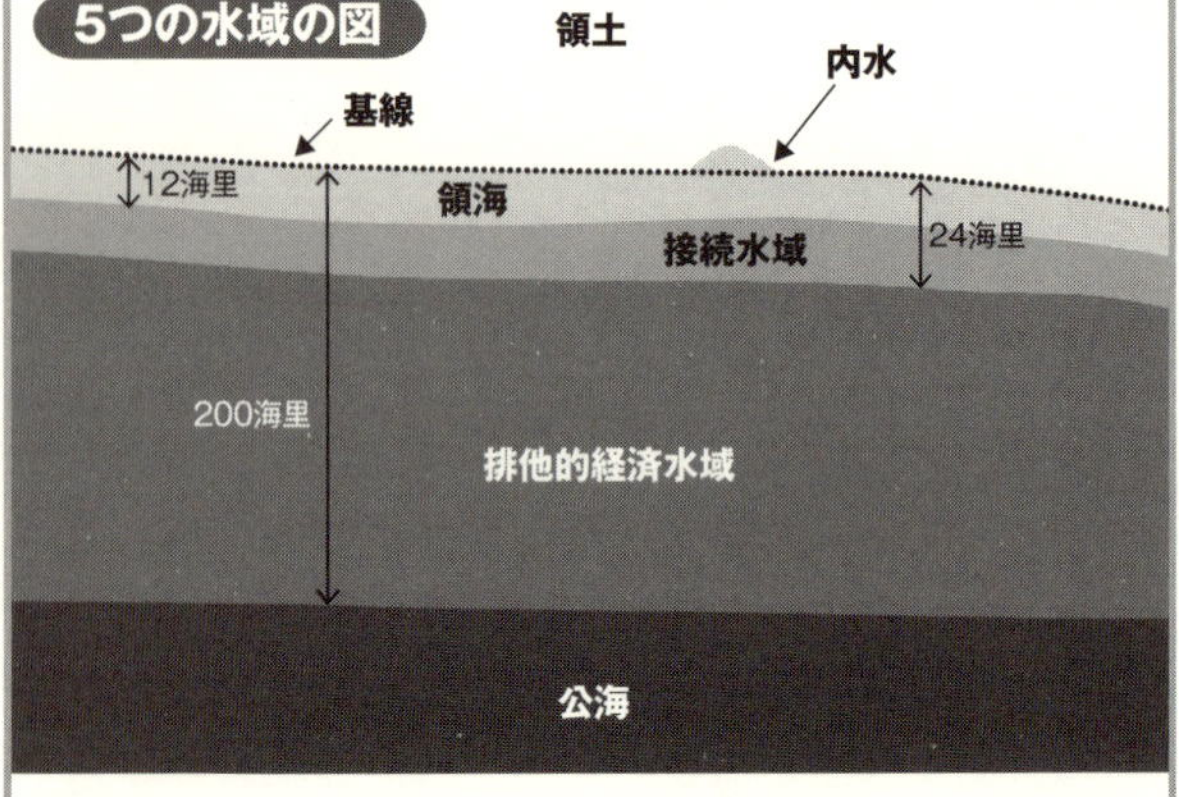


●**基線**：領海や排他的経済水域などを定める際の基準となる線のことである。通常、基線は海岸の低潮線（最干潮時の海岸線）であり、海岸が著しく曲折しているか、または海岸に沿って至近距離に一連の島がある場所では、適当な地点を結ぶ直線を基線（直線基線）とすることができる。日本の海岸線は複雑であるため、全国 15 の海岸で 162 本の直線基線が採用されている。直線基線は政令で定められている。

●**内水**：基線の内側にある水域。本来、内水は無害通行権（※）も適用されず、沿岸国の主権が完全におよぶ範囲である。ただし、直線基線の設定により、従来内水とは見られていなかった水域では、外国船舶の無害通行権が認められる。

●**領海**：沿岸国の主権を行使することができる水域。基線から 12 海里まで認められる。ただし、沿岸国の利益を害さない船舶の通行（無害通行権）は容認しなければならない。

●**接続水域**：基線から 24 海里の幅を限度に設定される。自国の領土または領海内における通関上、財政上、出入国管理上または衛生上に関する法令の違反を防止し、取締りや処罰をすることができる水域である。

●**排他的経済水域**：沿岸国が領海を越えて、経済的な権益（海底資源の探査や開発など）や、漁業に関しては漁獲量の分配、漁期、漁種などを決定することを認められる水域。200 海里まで認められる。

●**公海**：どこの国家主権にも属さず、各国が自由に使用できる海域。

※**無害通行権**：船舶は、沿岸国の利益を害さない範囲で、その領海を自由に通航しうる権利を持つ。潜水艦の潜航は、認められていない。
※1海里=1.852 キロメートル

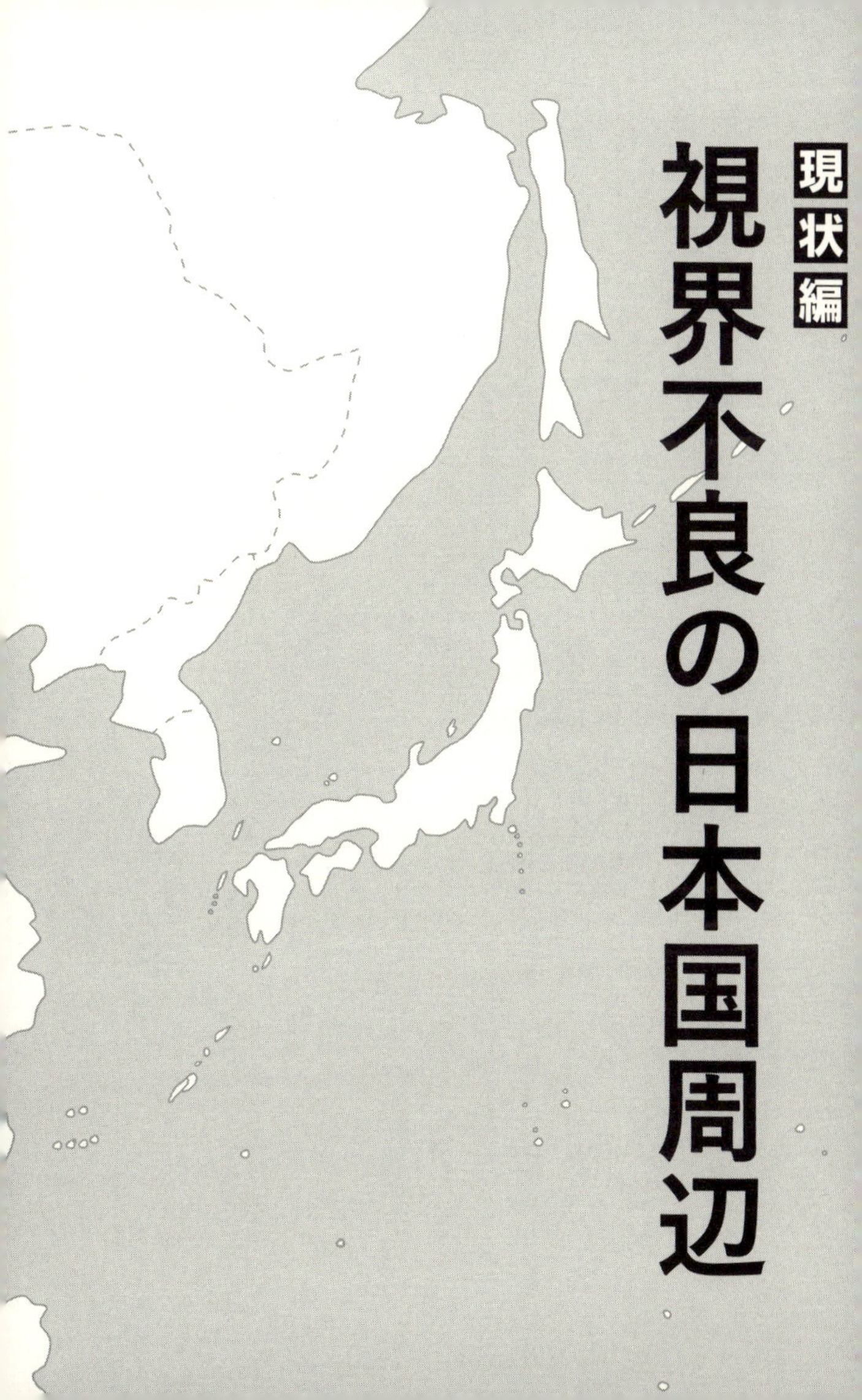

## 現状編

# 視界不良の日本国周辺

オホーツク海・北方四島

# 北方四島はロシアによる開発が進行中

## ✢ロシア大統領の態度が豹変《ひょうへん》した背景とは✢

北方領土の択捉島には温泉があり、最近ではロシア人が「いい湯」につかる温泉浴を楽しんでいる。

北方領土とは1945年8月15日、日本が連合国に対してポツダム宣言を受諾し、降伏する意思を明確に伝えたのちに、ソビエト連邦（1991年に崩壊、現在はロシアが踏襲）により武力占領された択捉島《えとろふ》、国後島《くなしり》、色丹島《しこたん》、歯舞群島《はぼまい》のことをいう。北方四島とも呼ばれる。サンフランシスコ平和条約締結時に日本は領有権を主張したが、これら四島はロシアに実効支配されたままである。

北方四島の総面積は、5036平方キロメートルであり、千葉県に匹敵する広さである。とくに択捉島は日本の離島の中で最も大きく、3184平方キロメートルの広さがある。終戦時、北方四島には、1万7291人の日本人が暮らしていた。しかし、ソ連の指導者スターリンの指示により、北方四島に暮らしていたすべての日本人は強制的に退去させられた。島は奪われたのだ。ロシア国民の一部は、北方領土は第2次世界大戦における戦勝の成果として獲得したものであるとの認識を持っているが、日本が降伏の意思を示したのちに占領したのである。そもそも、第2次世界大戦の連合国の方針を確認したカイロ宣言では、この戦争において領土拡大の意図は持たないとしていた。

現在、北方四島には1万7000人ほどのロシア系の人々が暮らしている。2007年以降、ロシア政府はクリル社会経済発展計画と称し、島の開発に着手している。計画当初は、約800億円の予算であったが、後に約500億円に減額された。国後島、択捉島では空港や港湾の建設工事が行なわれ、病院や学校などの公共施設の整備も進められている。当然、500億円程度の予算でできる工事ではない。「墨俣《すのまた》の一夜城」のようなものかも知れない。この工事を支えているのは、シベリアや中央アジアから集めた安い労働力であり、中には北朝鮮の労働者も数多く混じっている。また、機材や資材の多くは中国製、韓国製であり、ロシアは東アジアの「力」を使い、北方四島の支配を盤石なものとしつつあるのだ。

2010年11月1日、ロシアのメドベージェフ大統領は、国後島に上陸した。ソ連時代もふくめ最高指導者による初めての北方領土訪問である。

ロシアに奪われたままの択捉島　（撮影=山田吉彦）

同大統領は、2009年2月、当時の麻生太郎首相とサハリンで会談した時には、「次世代に引き継がず、独創的な解決を目指す」と北方領土問題の解決に向けた意欲を示していた。では、なぜ態度を翻《ひるがえ》し、強硬姿勢へと転換したのだろうか。

その原因の一端は、日本の政治にある。日本は政権交代、そして指導者がめまぐるしく変わり、外交政策を見失い、信頼がなくなったのである。

## ✣日本の影はますます薄くなる✣

メドベージェフは麻生との交渉の中で、極東地域の開発に日本の経済力を利用することを考えていたようだ。その中心はサハリン（樺太）のガス田開発である。天然ガス田の開発は、世界第1位のガス産出国であるロシアの生命線であり、サハリンガス田への期待は大きい。メドベージェフは、大統領としての明確な業績を残すことを求めていた。それがサハリンガス田の開発なのだ。そのために、北方領土問題に対する日本との交渉を準備していたのである。しかし、日本政局の迷走に、メドベージェフは対北方領土政策を変え、強硬策を取るようになった。これは領土問題に対し、妥協をしない強いイメージを作る戦略に変えたのだといわれている。

北方四島海域では、ロシアによる水産資源の乱獲、海洋汚染が進んでいる。間近に見えながら手の届かない我が国固有の領土の周辺海域が、危機的状況に陥り始め、漁獲高の落ち込みにも歯止めがかからない状況である。日本がサケの稚魚を育てて放流しても、離れた海域で捕獲され、また海洋汚染に阻《はば》まれて故郷の川に戻る数は少ない。

しかし、日本政府は、この自国の領土を蹂躙《じゅうりん》するような行為に対し、有効な手立てを示していない。昨今の北方領土との接点は、1992年から続いている「ビザなし交流」だけである。

また、外務省が経済交流を禁じたことにより、北方四島の日本離れが一層進み、中国や韓国、北朝鮮に近づきつつある。島民の使うパソコンも中国製か韓国製であり、韓国製の車が目につくようになった。択捉島や色丹島などにある食品加工工場では、サンマ、サケ、

ロシアによる開発が進む国後島の古釜布《ふるかまっぷ》港　（撮影＝山田吉彦）

マス、タラなどを冷凍や缶詰にして主に中国へ輸出している。北方四島における日本の影が薄くなってしまったのだ。

政府は国連や先進国首脳会議などの国際社会を巻き込み、強く返還を求めるなどの対策を講じなければ、北方領土は2度と手の届かない島になってしまうであろう。

この島々に日本人が自由に行き来できるようになることを願う。そのためには、少しずつ既成事実を積み重ねながら、ビザなし渡航、経済交流などで北方四島返還に道筋をつなぐことも有効だろう。さもなければ、時代の変遷とともに北方領土返還運動も風化してしまう。

オホーツク海・北方四島

# ゴム長靴に防寒ヤッケを着たスパイ

### ✣ロシアの「水産マフィア」が暗躍✣

東西の冷戦時代、北方領土海域では、スパイたちが暗躍していた。スパイといっても「007」のようにかっこのよいスーツを着て銃を隠し持っている姿ではなく、出で立ちはゴム長靴に防寒ヤッケ、武器の代りに漁網を握っていた。

日本が輸入するカニやウニは、ロシアが支配する海域で密漁されたものが混ざっている。表面的には通常の貿易取引のように見えるが、ロシア人が不正に取得した輸出許可証により持ち込まれている。彼らは「水産マフィア」と呼ばれ、日本の広域暴力団、韓国・北朝鮮の犯罪グループとも関係しているらしい。水産マフィアの扱うカニは、北海道に持ち込まれるだけでも年間90億〜100億円と推定されている。

ロシア政府は、カニやウニの密輸のため本来の税収が減少していることから、密漁と密輸の取り締まりを強化している。密漁による乱獲は、漁業資源の枯渇をもたらすとともに、カニ相場の値崩れを起こしている。ロシア国境警備庁は、銃の使用も辞さず自国の主張する排他的経済水域内において年間100隻にも上る漁船を拿捕《だほ》している。2006年8月に北方領土海域で根室《ねむろ》湾中漁協所属のカニ籠《かご》漁船「第三十一吉進丸」がロシアの警備艇に銃撃され、35歳の日本人漁船員が死亡した事件は、こうした厳重な警戒のなかで起きた。この背景には北方領土問題が存在している。

北方領土を占領したソ連は、その直後から周辺海域をも支配下に置いた。また、1977年には、ソ連も200海里排他的経済水域を導入したため、北方の日本の海はますます狭くなってしまったのだ。2011年9月、国後島の沖には5隻のロシアの国境警備艇が密漁船の取り締まりにあたっていた。

「日本の海」なのに出漁することができない。そのため、国境の町・根室の漁師たちは、生きるために、あらゆる手段を使い海に出たのだ。

## ✢ロシアの密漁船団に何故か乗り込む日本人✢

ロシアの国境警備庁の警備をくぐり抜けて操業するロシアの密漁船団には、5～6人の日本人が含まれているという。

　その多くは、かつてソ連の官憲に日本の情報や金品を渡して出漁を認められていた「レポ船」の乗組員だ。北方海域の漁場に詳しく、漁業の技術に長《た》けている能力が買われ、ロシアの漁業会社に請《こ》われて漁業指導にあたっている。

　現在、根室に住むT氏もそのひとりだ。1934年生まれ。1967年から密漁船団に加わり、1982年に独立して自前の船を持った。

　スパイとなった直接のきっかけは、1969年に北方海域に出漁し、ソ連の国境警備隊に拿捕されたことだ。独房に入れられ、取調べを受けたのち、スパイになることを求められたという。

　帰国後はソ連の支配海域に入り、日本の情報を提供する代わりに出漁が認められるようになったのだという。しかし、多くのスパイたちは、日本の当局に把握され、実は、二重スパイになることが多かった。

　根室の漁師たちの眼前に広がる海は、ソ連により奪

ロシアのカニ漁船で働く日本人　　（撮影＝山田吉彦）

われ、魚を獲ることができない。そんななかでも、レポ船の船主は、年収1億円をはるかに超えていたという。

レポ船は、1991年のソ連崩壊とともに終焉《しゅうえん》を迎えた。しかし、国境警備庁の人脈を生かすと密漁を続けることができた。情報の代りに、数千ドルの現金や家電製品などの賄賂《わいろ》を贈ると、見逃してもらえたのである。

その後、プーチン政権になると、綱紀粛正《しゅくせい》が行なわれ、国境警備庁も賄賂が効かなくなった。そして、元レポ船乗組員たちは、樺太（サハリン）でロシア漁船に乗り、タラやカニを追うことになったのだ。吉進丸銃撃事件は、こうした背景のなかで起きた。吉進丸船長も、元レポ船乗組員だったと報道されている。

根室の花咲港には、ロシア人が乗るボロボロの水産物輸送船が常時停泊している。ほとんどが、カンボジアやドミニカの国旗を掲げた便宜置籍船《べんぎちせきせん》（税金が低い国や規制の少ない国に船の国籍にあたる船籍を置くこと）であり、法律や税制の抜け穴となることが問題となっている。現在の北方海域は、ロシア人が利権を握っているようだ。

北方領土問題に新たな取り組みを始めない限り、日本の海、日本の島は奪われたままであり、将来の日本人の生活を支える漁業資源、海底資源も手に入れることはできないのだ。

オホーツク海・北方四島

# 紋別はロシアとの怪しいカニ貿易の町？

## ＋好景気を支えているカニとホタテ＋

紋別《もんべつ》は、カニとホタテの町だ。

北海道のオホーツク海沿岸の中ほどに紋別市がある。かつては、日本一の金の採掘量を誇った鴻之舞《こうのまい》鉱山があり「日本のゴールドラッシュ」ともてはやされた時代もあった。しかし、昭和40年代には枯渇、閉山した。以後、市の人口は減少傾向にあるが、近年、町は好況を呈している。現在の紋別は、水産王国である。市が栄えている原因は、ふたつ挙げられる。ひとつは、ホタテ貝の計画生産の成功であり、もうひとつは、ロシアからのカニの輸入だ。

紋別の漁業協同組合は、ホタテ貝の稚貝の放流事業に成功し、コンスタントに年間30億円以上の水揚げ高を維持するようになった。携わっている組合員は、160人程度であり

紋別港のカニ輸送船。どこへ運ぶのか　（撮影＝山田吉彦）

効率がよい。また、合わせてホタテ貝の加工工場が稼動し、順調に利益を上げている。

また紋別港は、平成18年〜平成21年までカニの輸入量日本一を記録している。このカニは、ズワイガニとタラバガニ、アブラガニで、平成20年の輸入量は2万5000トンにもおよぶ。そのすべてがロシアからの輸入であり、年間700隻のカニを運搬する船が紋別港に入港している。

このカニが紋別の景気を支えているのだ。たとえば、夏の間、日本の多くの海域ではズワイガニの禁漁期となっているが、紋別に来れば夏でも生きたカニを手に入れることができる。

平成20年8月、ロシアからのカニの密輸の調査のため、稚内《わっかない》から紋別、網走《あばしり》、根室と回ったことがある。その時、紋別の港でロシア産のカニを輸入する様子を見ることができた。ズワイガニをプラスチック製の箱に入れ、船から降ろし生きたまま低温輸送車へと積み込んでいた。ズワイガニは生きたまま茹《ゆ》でなければ味が落ちるのである。

## ✢ 密輸業者に加担することになるカニ食べ放題？ ✢

カニを積んできた船にはロシア人が乗り組んでいたが、船籍をあらわす船尾に掲げる国旗はカンボジアのものだった。船の国籍を税金の安い国に置く便宜置籍船である。しかも、白く塗られた船の船首部分をよく見ると、「○○丸」と書かれた文字が塗りつぶされた跡が薄く見えた。日本の遠洋漁船の中古船である。

荷揚げをしている人に、どこへ運ぶのかを尋ねたが教えてはくれなかった。後で調べると、北陸の金沢（石川県）まで夜通し走って運ぶのだそうである。金沢に着くとロシア産のズワイガニも松葉ガニという名前になる。ズワイガニ、松葉ガニ、越前ガニは、同じ種類のカニで呼び方が違うだけだ。北陸は禁漁期だが、夏休みに金沢へ来た観光客はカニを食べたがる。地元のものは冷凍ものしかないのだが、ロシアのものならば鮮度がよいものを提供することができるのだ。しかも、仕入れ値は地物の冷凍品より安い。

ひょっとすると、市価より安いカニの食べ放題や季節はずれのカニを食べるということは、知らず知らずに密輸業者に利益を与えているのかも知れない。

海上保安庁の紋別海上保安部に立ち寄り、カニの輸入船について話を聞くと、ロシアからのカニの輸入船は、本国に帰国している形跡はないそうだ。オホーツク海の漁場から直接、紋別に運び込んでいるのだ。そして、紋別から直接、漁場に行き、また、紋別に荷揚げしに来るのだそうだ。しかし、いつも正式な輸出証書を持ってくる。一体、ロシアはどのような制度になっているのだろうか。

ロシア政府もカニの密漁、密輸に悩んでいる。カニの資源量が減少するとともに、税収も落ち込んでいる。統計からすると、ロシアのカニの漁獲高よりもロシアから日本が輸入しているカニの量のほうが多いのだ。密漁のカニを輸出するために、水増しされた輸出証書が出回っているようだ。

業を煮やしたロシア政府は、一時期、生のカニの輸出を禁止しようと試みたが、反対勢力が多く、輸出の管理にとどまった。日本人のカニ好きが変わらない限り、ロシアからカニの密漁はなかなかなくならない。密輸ガニを減らすために、せめて、産地の明記されたカニを食べるようにしよう。

竹島・対馬・五島列島

# 能登半島はいまでも日本外交の窓口？

## ✣対馬海流の行き着く先とは✣

北朝鮮や韓国の海岸から、日本海に捨てたペットボトルは能登半島に流れ着く。

1400年から1500年前の大昔、能登半島は日本の外交窓口のひとつであった。日本では、奈良時代から平安時代だった頃、東アジアに渤海《ぼっかい》という国があった。720年代、渤海は唐《とう》と新羅《しらぎ》の侵略に対抗すべく、海を隔てた隣国である日本に救いを求め、使節を送った。敵の敵は味方という考えだろうか。日本もそれに応え、渤海海使という使節団を送った。

相互交流は、約200年間続き、とくに新羅の力が強かった750年頃は、毎年のように交流していた。当時は渤海からは毛皮などが贈られ、その価値を上回る金銀などを日本から贈る朝貢《ちょうこう》貿易が行なわれていた。この拠点となっていたのが、能登半島の福浦《ふくら》港（当時は福良津《ふくらつ》）である。この地が選ばれたのは、まさに海流により、日本海を横切る航路の要衝であったからだ。

そして現在はというと、能登半島の海岸線には、ハングル文字が書かれたペットボトルなど北朝鮮や韓国製品のゴミの山がある。

能登半島の沿岸には、対馬海流が流れている。東シナ海の東部を北上した黒潮（暖流）は薩摩《さつま》半島沖で2つに分かれ、西側に向かった海流が対馬海峡を経て日本海を北上する。これが対馬海流である。この海流は、朝鮮半島に沿うような形でユーラシア大陸側に向かうが、韓国の鬱陵島《ウルルンド》の沖で大陸に沿って南下するレマン海流（寒流）の影響を受け、日本海を横切るように能登半島沿岸に達する。

## ✢ 漂着するのはゴミばかりではなく、脱北者も ✢

そのため朝鮮半島から出た漂流物は、石川県の金沢から能登半島にかけての海岸にたくさん流れ着く。流れ着くものは、ゴミばかりではない。

2010年9月、男女9人が木製の小型漁船に乗り、能登半島の沖25キロメートル付近を漂流しているのを漁に出ていた地元の漁民が発見して海上保安庁に通報した。この船に

ハングル文字が書かれた漂着ゴミ　（撮影＝山田吉彦）

乗っていたのは、北朝鮮人の脱北者の家族で、3人の子どもも含まれていた。

彼らが乗っていた漁船には、小型のエンジンが付いているものの、通常であれば日本海を越えて沿岸にたどりつけるものではない。脱北者たちは、軍の管理する漁船に乗り、北朝鮮の港を出港後、韓国を目指した。

一時はレマン海流に乗って南下したものの、北西風により対馬海流が北上する海域まで、流されてしまった。

そして海流に乗り、能登半島沖まで来たという。この漁船は、能登半島沖で発見されなかった場合、蛇行する流れに乗り、いったん日本海の中央付近まで行き、再び沿岸部に流れ着くのは青森県周辺である。

2007年6月、同様に北朝鮮から木造

船で脱北した男3人女1人の家族が、青森県深浦港付近に漂着している。

　2011年12月、北朝鮮の最高指導者である金正日《キムジョンイル》国家主席が死亡した。後継者は、その三男正恩《ジョンウン》氏が世襲した。北朝鮮の政治が安定せず、食糧不足の深刻度が増すと、さらに脱北者、難民が流出することになる。彼らは、海路を経て日本に流れ着く可能性が高い。しかし、現在の日本には難民政策はない。

　一時に北朝鮮から多くの脱北者が日本に押し寄せた場合、海岸部はパニックになりかねない。脱北船が流れ着く能登半島あたりの海岸は、海岸線も複雑でひと影も少なく、上陸するには最適だ。

　かつて、能登半島の宇出津《うしつ》から、東京都三鷹市役所の警備員であった久米裕さんが北朝鮮に拉致《らち》され連れ去られた。北朝鮮工作員は能登半島から富山湾にかけての海岸線に上陸し、日本に侵入していたようだ。

　今後の朝鮮半島情勢やロシアの極東開発の状況などを考えると、能登半島と日本海を挟んだ海峡は、外交拠点として考えてみる必要があるだろう。

# 竹島は国際社会が認めた日本の領土

## ✢ 韓国が武力で実効支配中 ✢

日本海に浮かぶ竹島の領有権は、日本と韓国の間に大きく横たわる問題だが、残念ながらいまのところ解決は簡単ではない。

1952年1月18日、韓国初代大統領李承晩《イスンマン》は、海洋主権宣言を発表し、通称「李承晩ライン」という専管水域を設けた。この専管水域は、韓国により一方的に設定されたもので、国際条約に従うものではなかった。しかし、この線を越えた日本漁船は容赦なく銃撃され、200隻以上が拿捕され、3929人が抑留され、44人が死傷している。

隠岐諸島から北西へ157キロメートルの海上に竹島がある。この島は日本固有の領土であるが、現在、韓国により実効支配され、日本人が近づくことはできない。韓国はこの島を「独島《ドクド》」と呼び、警察官を常駐させるとともに、海洋警察庁の艦艇を配備して沿岸の警備を強化している。事の発端は、1951年。第2次世界大戦の戦後処理を戦勝国である連合国と敗戦国となった日本との間で話し合う、サンフランシスコ平和会議が開かれた。この会議により第2次世界大戦の講和条約であるサンフランシスコ平和条約が結ばれ、日本が1914年の第1次世界大戦以降に支配下に組み入れた領域の放棄が求められた。その結果、現在の日本の領土が定められたのである。

朝鮮半島および周辺島嶼《とうしょ》の領有と権限の放棄が求められたが、この竹島は放棄すべき土地には含まれなかった。GHQによる原案では放棄すべき土地に含まれていたが、条約においては、あえて日本の領土として残ったのである。米国は朝鮮戦争の状況を考え、日本海の安全保障上重要な位置にある竹島を日本の管理下に置きたかったようだ。

ゆえに、竹島は紛れもなく国際社会が認めた日本の領土なのである。この決定を不服とした韓国の初代大統領李承晩は、1952年に韓国の専管水域に組み入れ、以後、韓国は武力を持ってこの島を支配しているのである。

## ✢両国のプライドが激突する様相に✢

この島が日本の領土に編入されたのは、1905(明治38)年2月22日である。この頃、

竹島に築かれた韓国の要塞　（撮影＝山本皓一）

竹島は「松島」あるいは「リャンコ島」と呼ばれる無人島であった。時折、島根県、鳥取県あたりの漁師がアシカやアワビなどを獲る漁の拠点としていた。

紛らわしいのは、江戸時代、朝鮮半島の東の日本海にある鬱陵島《ウルルンド》を竹島と呼んでいたことである。

17世紀後半、朝鮮の安龍福《アンヨンボク》という人物が、この鬱陵島で密漁をしていたところを幕府の許可を得て漁に出ていた米子の漁師に見つかり連行された。

当時、朝鮮政府はこの島への渡航を禁止していた。安龍福は、朝鮮への帰国後、自己を正当化する説明をしたようだ。そして、再び日本へ侵入した安は、途中、現在の竹島を発見したというのである。

幕府は、この安の事件以後、鬱陵島への日本人の渡航を禁止した。実は以後、誰も行かない鬱陵島は、密貿易の拠点として利用されるようになっていた。

竹島問題は、日本と韓国の間に存在する大きな問題である。戦後、韓国政府は国民に広がる反日感情を、国家隆盛へ向けた原動力として利用していた。その象徴的な存在が竹島である。

日本が返還交渉を望んでも頑として応じず、日本への強硬策をとることが韓国政府の国民へのパフォーマンスなのである。

竹島（韓国名は独島）を観光地化した韓国　（撮影＝山本皓一）

対する日本政府は、小泉純一郎首相の時代に「竹島の日」を島根県が制定したことを一地方の問題としてしまった。

残念なことに竹島の位置を知らない国民も多い。

かつて日本政府は、2度、韓国に対して国際司法裁判所に領有権問題を付託することを提案したが、韓国に拒絶されている。国際司法裁判所への付託は、係争する両国の合意が必要なのだ。

故朴《パク》正《チョン》熙《ヒ》大統領は「問題解決のために、爆破して消してしまいたい」と発言している。

日本に取り返されるくらいなら、爆破してしまうというのだ。それほどに両国のプライドをかけた問題になっている。

# 対馬と皇室だけに伝わる「亀卜」

## ✢島の最南端の集落でいまも継承される✢

対馬は神代からの遺跡の宝庫であり、多くの青銅器や銅鉾、銅剣などが発掘されている。また対馬には、神代から続く伝統文化がいまも存在している。

対馬の北西部の海岸からは海峡を挟み、朝鮮半島を望むことができる。韓国の釜山《プサン》と対馬の比田勝《ひたかつ》との距離は49・5キロメートル。高速フェリーにより約1時間30分で結んでいる。対馬は、日本の文化・風習にとって重要な意味を持つ島だ。漢字や仏教などもこの島を通過し、日本中に広まった。

また、島内の山々、津々浦々には、それぞれ神が存在し、日本人が信奉する八百万《やおよろず》の神の原形を感じさせる。対馬は、島全体が聖地であるともいえよう。そのため、対馬には長い伝統を感じさせる神事が、いまも継承されている。

そのひとつに亀の甲羅を焼いて占いを行なう「亀卜《きぼく》」がある。島の最南端の豆酘《つつ》集落には、1400年前に始められたという亀卜がいまも伝わる。この神事は毎年、旧暦1月3日に集落の外れにある雷神《いかずち》社の小さな祠《ほこら》の前で執り行なわれる。神事を取り仕切るのは、亀卜師だ。69代目の亀卜師が、近年、体調不良のため甥《おい》にあたる人が修行もかねて代行している。正式に跡を継ぐと70代目となる。

社の周囲に結界《けっかい》を作り、祠の前に火を焚《た》き、「トホカミエミタメ」と3度唱え、亀の甲羅を火に当てる。

そして、亀の甲等のヒビから得た「神託」を墨で紙に書きつけるのだ。昨今は、亀の甲羅の入手が難しく、甲羅に本格的にひびがはいるほど焼くことはないが、江戸期には対馬藩の藩政を左右するほどの重要な儀式であった。

## ✢日韓関係を考慮して「祭り」が変わる✢

現在、この亀卜が行なわれているのは、皇室と対馬だけのようだ。かつて天皇家は、20人のシャーマンを宮中に集め、国の盛隆を占ったが、そのうち10人は対馬から招聘《しょうへい》されていたそうだ。以前は対馬に数カ所、亀卜を行なう場所があったというが、現在は豆酘集落だけである。しかし、この集落も過疎化が進み、神事に参加する村人は10人にも満たない。14世紀にもわたり続けられてきた祭りが「風前の灯《ともしび》」のようだ。

豆酘は神功《じんぐう》皇后が朝鮮に出兵した港と伝えられ、この伝説に起因する祭りが毎年8月18日に執り行なわれる。

この祭りは「カンカン祭り」と呼ばれ、赤と白の2隻の木製の船の模型を作って海に送り出し、豊漁と航海の安全を祈念する。

その後、供僧と呼ばれる神官が神功皇后軍になり、観覧者の子どもたちを朝鮮人に見立て、戦いが再現される。神官が子どもを追いかけて捕まえて村中を引き回すというものだ。しかし、この場面は10年ほど前から、日韓親善にそぐわないという理由でなくなってしまった。

対馬に来襲する敵は、常に海を越えて現れる。いつ何時でも海への注意を怠るなという戒めを伝える祭りであったのだろう。

本来の意図が曲解されているのは残念だ。同様なことが、豆酘から北西に10キロメートルほど離れた小茂田浜《こもだはま》神社の祭礼にもある。この神社は、国土防衛のために元軍と戦い玉砕した宗助国《そうすけくに》たちの御霊を祀っている。

毎年11月に行なわれる祭礼では、武者姿で浜に立ち、朝鮮半島にめがけて矢を射るしき

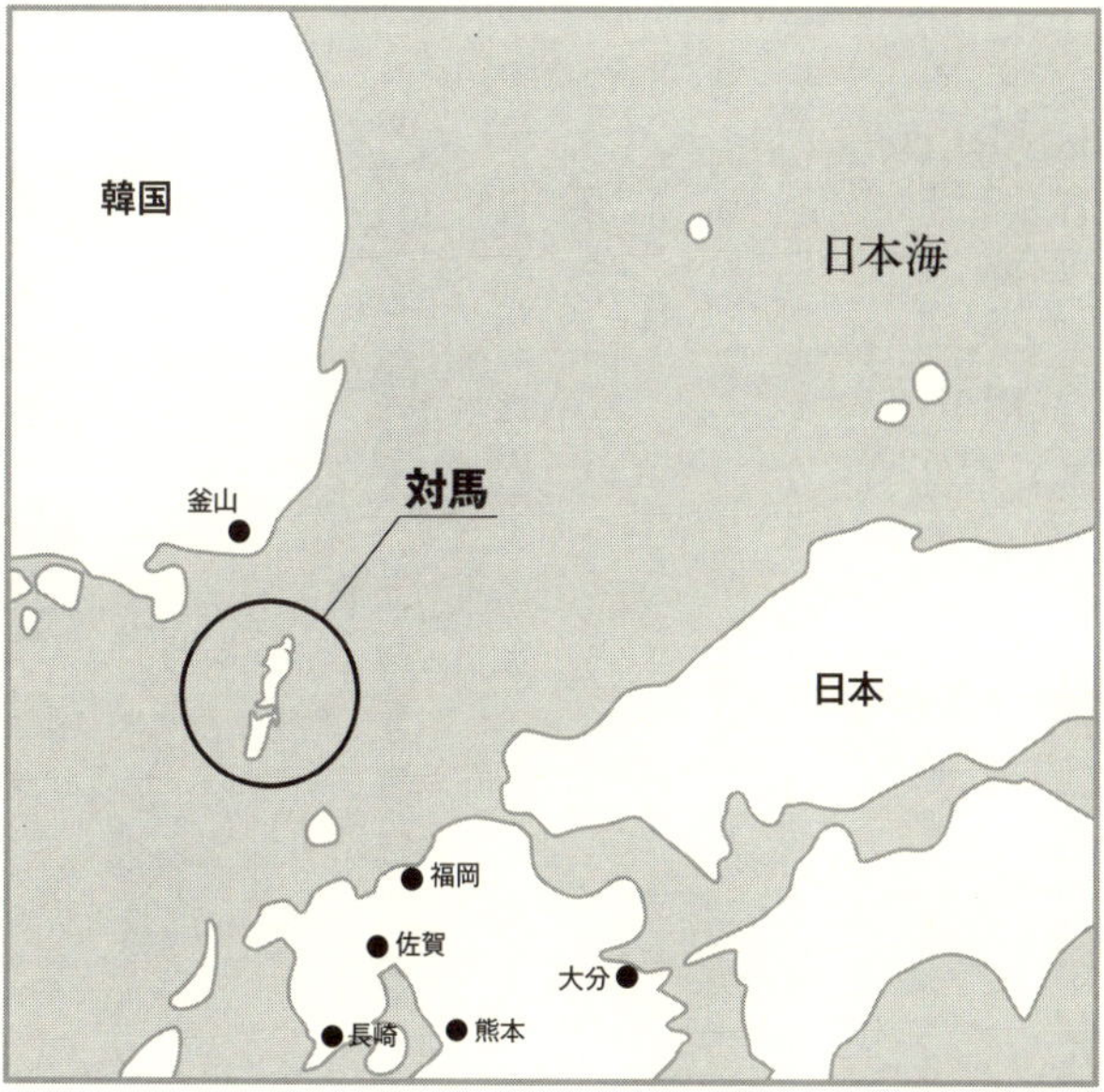


たりだ。

しかし、こちらも数年前から国際親善のためとの理由で、弓は引く形だけのものになってしまった。

祭りや風習は、意味があって続けられてきたものだ。いま一度、本来の意味を考え、文化の伝承に力を入れてほしいものだ。

竹島・対馬・五島列島

# 韓国化の様相を強める対馬の実態

## ✢「対馬も韓国領土」と主張する反日活動家✢

対馬の最北端の比田勝港から韓国の釜山港までの距離は、49・5キロメートルと極めて近い。島の展望台に上ると、天気のよい日には釜山の町並みが見える。

ここ数年、日本へ入国するビザが簡素化された影響もあり、対馬を訪れる韓国人観光客の数が急速に増加している。2009年には年間7万2000人ほどが訪れた。釜山と対馬の間は定期航路が開設され、高速フェリーが運航している。釜山－比田勝間は1時間30分、島の中心である厳原《いづはら》までは2時間30分ほどで結び、釜山市民には、最も手軽な海外旅行として人気があるようだ。調子に乗った韓国人旅行者は、対馬の展望台の周辺に無断で持ち込んだ韓国の国花「むくげ」を植え、島人のひんしゅくをかった。

2009年8月、この観光客に混じり、韓国の反日活動団体に所属する21人の退役軍人などが対馬を訪れ、市庁舎前で「独島は韓国領土、対馬も韓国領土」と主張する横断幕を掲げ、日本の竹島領有の主張に対する抗議集会を開いた。この韓国人たちは韓国国旗を身にまとい、自分の指を噛《か》み、流れ出た血で、韓国国旗に「独島はわが領土」とハングル文字で書いた。この異常な行動に多くの市民が耐え切れず、「対馬は日本の領土。早く、帰れ」と抗議の声を上げた。その団体は、しぶしぶ後片付けをして帰っていった。

## ＋自衛隊施設の隣接地に韓国人向けホテルが建つ＋

近年、対馬の土地を韓国資本が買い漁っている。対馬を訪れる韓国人の数が増加したことに目を付け、在日韓国人のブローカーが土地を物色し、韓国資本に売却しているようである。対馬の人にしてみれば、二束三文の土地を高く買ってくれる夢のような話だ。

しかし、買い取られた土地の中に、海上自衛隊の施設の隣接地があった。そして、この土地に韓国人向けのホテルが建てられてしまった。もともと、地主は海上自衛隊に土地の買い取りを依頼したのだが、「予算がない」と断わられ、水産加工業を名乗る企業に売った。それが韓国資本で、気付くとホテルになっていた。そのホテルは韓国人だけが多数利用している。

それでも対馬の人には数千万円の売却代金が入った。土地の価格の低い対馬では高額ともいえる収入である。過疎化が進んでいる対馬には、土地を受け継ぐ後継者も少なく、土地を売りたがっている人が多いようだ。そこに韓国企業がつけ込んだのだ。

対馬市長は、国会議員や対馬を視察に来た地方議員たちから「重要施設の隣接地なのに何で自治体が監視しないのか」とお叱《しか》りを受けたそうである。

しかし、一概に対馬市を責めるわけにはいかない。安全保障上重要な土地であれば、当然、国家が管理すべきものである。

土地の所有者は、日本人が前面に出て取引をしたため、実際の買い手が韓国人だということには気付かなかったようだ。

また、対馬が対峙《たいじ》している半島には、北朝鮮という国があることを忘れてはいけない。北朝鮮が暴発した際には、大量の難民が日本に押し寄せることが予想されている。

その数は、およそ15万人と推測され、朝鮮半島からあふれ出た難民たちは、北朝鮮で作られた覚せい剤や偽ドル札を持ち、日本を目指すおそれが大なのである。

しかし、日本には難民対策といえるほどのものはなく、国境の島、対馬は難民に占拠されかねないのである。

近年、在日外国人の参政権についての議論があるが、外国人に参政権を与えると、いず

対馬へ手軽に海外旅行する韓国人（釜山港）　（撮影＝山田吉彦）

れ対馬は韓国人、朝鮮人の島になってしまうのではないかと危惧する人々の声も大きい。日本は国家の主権を明確にし、他国の干渉、侵略を阻止《そし》する国境政策を確立したうえで、在日外国人の参政権を議論すべきである。

対馬では韓国人旅行者は多いが、日本人旅行者の姿は本当に少ない。ぜひ日本人も対馬を訪れてほしい。自然と歴史が残るすばらしい島である。

竹島・対馬・五島列島

# 日韓の領有権争いを解決に導く肥前鳥島《ぴぜんとりしま》

## 竹島紛争に決着を付ける切り札

長崎県五島列島の南西の東シナ海に肥前鳥島《ひぜんとりしま》がある。3つの小島で構成され、周囲の合計は50メートル、最大標高16メートルの無人島である。本来の名は、単に鳥島であるが日本全国に散在する同名の鳥島と区別するために肥前鳥島と呼ばれている。

この肥前鳥島は、知る人ぞ知る釣りのメッカで、1メートルを超えるクエが釣れることもあるそうだ。春から初夏にかけての釣りシーズンには、五島列島から男女群島《だんじょ》経由で瀬渡しの船が出ている。

この小島は一般的に知られていないが、最近になって外交関係者や漁業関係者が着目している。実はこの肥前鳥島は、日本と韓国の間に存在する海洋問題、とくに竹島の領有権紛争の解決の切り札となりうるのだ。

2006年、日韓漁業協定に関する話合いの席上、韓国はそれまで鬱陵島《ウルルンド》であった排他的経済水域の基点を竹島（韓国名は独島《ドクド》）に設置するといい出した。日本の領土である竹島に基点を設定することなど考えられないことだ。

現状の日韓漁業協定では、竹島近海は暫定水域として、両国がそれぞれの国の法律をもとに、それぞれの国の漁業者に対処することになっている。

しかし、盧武鉉《ノムヒョン》政権（当時）は、反日色を打ち出すことで支持率のアップを狙い、その手法のひとつが、竹島を排他的経済水域の基点とすることだった。

## 韓国政府を黙らせるひとつの手段

日本側も安易に妥協することはできない。竹島は、あくまでも日本固有の領土なのである。この管轄海域問題で韓国政府を黙らせる切り札ともいえるひとつの手段がある。それは、肥前鳥島を排他的経済水域の基点にすると宣言することだ。

この肥前鳥島から排他的経済水域を宣言すると、韓国の済州島に向けて大きく広がる。仮に韓国が強引に竹島から排他的経済水域を広げた場合、日本が失う海域の面積は、およそ2万平方キロメートル。それに比べ、日本がこの肥前鳥島に排他的経済水域の基点を設定した場合、3万6000平方キロメートルの海域を確保することになる。また、この海域の海底には、天然ガスが埋蔵されている可能性がある。

日本が、肥前鳥島を基点として排他的経済水域の管理を始めた場合、韓国にとっては痛手となる。東シナ海では、マグロ、サワラ、アジなどが水揚げされているが、この海域を日本が独占するとともに、韓国の漁民が漁場を失うことになるのだ。

韓国側は、苦し紛れに肥前鳥島は人が住んでいないので国連海洋法条約第131条3項による岩であり、排他的経済水域を有しないと反論をした。

国連海洋法条約では、人の居住もしくは経済生活ができないものは岩であり、排他的経済水域は有しないと規定されている。しかし、国土の利用方法を決めることは、国家の主権である。

まず、日本がすべきことは、肥前鳥島において経済生活といえる利用環境を整えることである。そのためには海上保安庁や気象庁が、気象・海象などの観測施設を作ればよい。

中国の急速な経済振興により汚染が進む、東シナ海の環境を調査する前線基地にするのである。また、船の着岸ができる桟橋を作り、入島を恒常的に可能にする。釣り人のために魚を放流すれば、それだけでも経済行為だ。環境協力費の名目で、入漁料をとることも可能だ。そして、肥前鳥島を基点に韓国との間の排他的経済水域の中間線まで進出し、漁

を行なうのである。
この島が基点となる排他的経済水域を通して、日韓の竹島の領有権問題を国際社会に認識してもらい、領土問題の解決をめざすのだ。

東シナ海・尖閣諸島

# 九州南西沖で戦後初の銃撃戦があった

## ✢ 装備と警備計画の見直しを実施した海上保安庁 ✢

2001年12月22日、九州南西海域において海上保安庁の巡視船と北朝鮮の工作船との間で銃撃戦が展開された。

海上保安庁は、防衛庁（当時）から九州南西海域における不審船（のちに北朝鮮の工作船と判明・以後、工作船）に関する情報を入手し、直ちに巡視船、航空機および特殊警備隊に発動を指示した。航空機により奄美大島の西方約240キロメートルの海域で、工作船を発見。続いて「いなさ」をはじめ、4隻の巡視船を派遣した。

巡視船と航空機は、繰り返し停船命令を発したが、工作船は逃亡を企てた。海上保安庁は、英語、日本語、中国語、朝鮮語で警告を発したうえで、上空、水面への威嚇《いかく》射撃をしたが従わないため、船体へ向けた威嚇射撃に踏み切った。その後、工作船から銃撃が行なわれ、東シナ海は戦場となった。そして、追いつめられた工作船は、中国の排他的経済水域内で自爆沈没した。

海上保安庁の巡視船が、工作船に停船命令を発することができたのは、工作船が漁船の形状をしていたからである。排他的経済水域内では、漁船に対しては漁業法にもとづき、不審な行動があった場合、停船命令をかけることが許される。もし、工作船が貨物船の形をしていたら、国際法により航行の自由（無害通航権）が認められ、停船命令を発することは難しかった。

北朝鮮工作船との銃撃戦では、巡視船「あまぎ」が銃弾を撃ち込まれて、操船室（ブリッジ）がさんざんに破壊された。また、工作船にはロケットランチャーや地対空ミサイルが積み込まれていた。このような武装した船に対処するために、以後、海上保安庁では装備と警備計画の見直しを行なった。

まず海上保安庁の主要な船の船橋《せんきょう》を防弾仕様にした。また、1000トン、2000トンクラスでも40ノットの速度で走ることができる大型高速巡視船の建造に着手した。新型船では、搭載機関砲をそれまでの20ミリ砲から一部を40ミリ砲まで大きいものにした。それまで有効射程は5000メートル（20ミリ砲は2000メートル）にまで延びた。さらに、いまではボフォース57ミリ砲（有効射程8500メートル）装備があそ型やひだ型など高速高機能大型巡視船では標準となっている。

## ✣ 北朝鮮ルートの覚せい剤密輸組織を摘発 ✣

日本政府は59億円をかけて東シナ海に沈んでいた北朝鮮工作船を引き揚げた。工作船の船中からは、プリペイド式の携帯電話が出てきた。

電話機自体は、海水につかりデータの保存も含めた機能は壊れていたものの、携帯電話の会社に残っていた通信記録を丹念に調べることで、北朝鮮工作船の活動を解明することができた。

ひとつには、この工作船が覚せい剤密輸に関与していた可能性が高いことがわかった。そして、記録をたどり捜査をすることで、北朝鮮ルートの覚せい剤密輸組織を摘発することができた。一番大きな北朝鮮系の覚せい剤密売ルートをつぶすことができたのである。さらにコンピューターの中古部品を不正輸出していたグループも判明し、摘発にまでつながった。

引き上げられた工作船の検分から、銃撃戦の最中の船内の状況が推察される。

工作船の内部は、まさに戦場であり、工作員たちは戦闘状態にあったようだ。工作員は

引き上げられた北朝鮮の工作船。海上保安庁の巡視船との間で銃撃戦があった
© 読売新聞社

弾丸が打ち込まれる中、浸水を防ぐために、船体に開いた弾痕《だんこん》に自分の服を脱いで押し込んでいたのである。

　ジャンパーから下着まで脱ぎ、穴に押し込んで船が沈むのを食い止めようとしていた。そのため足に貫通銃創がある工作員の遺体も残っていた。そして、多くの工作員は、手りゅう弾を身に付け、自爆の覚悟もしていた。銃撃戦の果てに、逃げ切れないことを悟った北朝鮮の工作船は自爆沈没した。

　最後に、「任務遂行できず、自爆する」という暗号を出していたことが解明されている。

東シナ海・尖閣諸島

# 南の楽園、西表島存亡の危機

## ✢子どもの教育環境が最大の悩み✢

西表島《いりおもて》（沖縄県竹富町）は、日本に残された秘境のひとつだ。天然色の魚が泳ぐ青い海、色とりどりのサンゴに埋め尽くされた入り江、星砂（星の形をした砂）が散りばめられた浜辺、深い緑のマングローブ林。夜には満天の星に手が届きそうだ。

レンタカーで道路を走っていると、「飛び出し注意・イリオモテヤマネコ」と書いてある看板を見かけた。また、カンムリワシが電信柱のてっぺんに立ち、啼《な》いている姿も見た。干潟をソラマメほどの兵隊ガニ（ミナミコメツキガニ）が数千匹で隊列を組んで行進している。夜、戸外に出るとセマルハコガメやヤシガニが歩いているところに出くわした。この島は自然の宝庫であり、自然の中で人間が暮らしているという感じだ。窮屈な環境保護を訴えなくても、島の人々すべてが自然とともに暮らしている。まったく無理をしていな

数少ない秘境のひとつ西表島　（撮影＝山田吉彦）

いのが魅力的だ。

島で海洋保護を訴えるシンポジウムがあった。東京から来た大学教授が、「観光客や一般の人が魚や貝をとってしまうので漁師は資源保護に苦労しているのではないか」と発言したところ、地元の漁師さんから一言「そんなことはない」。島に来る人々は、自分が食べる分しか魚を取らないので、漁師がそれをとがめることもない。自然の循環の中で生きているのだ。

しかし、西表島の人々にも悩みはある。一番の悩みは子どもの教育だ。島内には、小中学校合わせて7校がある。沖縄県では沖縄本島に次いで大きな島だが、人口は約2200人。集落が密集していないため、多くの学校が必要だ。40人ほどが暮らす船浮地区には小中併設校がある。生徒は2人。教員の数は9人。船浮地区は島の一部であるが、道路が通じていないため、船を使わなければ行くことができない。

かつては近くに炭鉱があって栄えたが、いまは本当の「陸の孤島」になってしまった。子どもたちは中学を卒業すると、石垣島や沖縄本島の学校に入学し、寄宿生活を送る。もし、この船浮地区に小中学校がなくなったら、子を持つ親たちは子どもとともに学校がある町に移り住むことになるだろう。また、これから子どもを持つ若い世代も集落からいなくなってしまうのだ。西表島のある竹富町は県の教育委員会の協力を得て、どうにか学校を維持している。

## ✣ 子どもがいなくなると島は衰退する ✣

西表島に隣接する鳩間《はとま》島も同様の問題を抱えている。鳩間島にも小中併設の「鳩間小中学校」があるが、2009年に一時的に小中学校の子どもの数が0になってしまった。小中学校の秋の運動会は島をあげてのお祭りだ。島を離れた人々も、この日ばかりは島に戻ってくる。島の人口は50人足らずだが、この運動会には200人以上が参加する。しかたなく、この年の運動会は子ども不在で行なわれた。島では1980年代から学校を維持するために離島留学制度を作り、都市部から子どもたちを募っている。島の学校に入った子どもは、島の人々の家に預けられ、家族として暮らしながら学校に通うのだ。2010年には、どうにか留学生を募り、学校を維持している。

島は、のびのびと自然とともに育てるという教育上のメリットはあるが、現代っ子たちにはこの上なく退屈な場所である。また、集団生活を経験させられないというデメリットもある。サッカーや野球、バレーやバスケットなどの団体競技はできない。そのため、卓球やテニスが盛んになる。オーケストラどころかバンドも組めない。音楽といえば、「三《さん》線《しん》（三味線《しゃみせん》）」を弾くのである。

西表島でも鳩間島でも同じだが、子どもがいなくなるということは、島に暮らす人がいなくなることにつながる。島から人がいなくなると浜辺は漂着ゴミであふれ、生態系は人間が持ち込んだ外来種により変えられてしまうであろう。一度、人間の手が入った自然は、人間が管理しなければいけないのだ。また、国境地域の離島という性格上、安全保障面での問題もある。他国の人々が海から侵入することも考えられる。また、薬物の取引や密輸、密航の温床となりかねない。

この日本に残された楽園を守るためには、日本人の知恵が必要なのである。

東シナ海・尖閣諸島

# 中国船の徘徊に脅える与那国島の人たち

## ✛台湾との交流に前向き✛

与那国島《よなぐに》は、日本の最西端の孤島である。カジキ漁を中心とした漁業とサトウキビ栽培で生計を立てている。この与那国島と台湾との距離は111キロメートル。晴れた日には、台湾の山並みが見えることもある。この島は第2次世界大戦の終戦まで、台湾と社会、経済が一体化していた。

当時は、多くの島民が台湾に渡り、教育を受け、生活必需品も台湾から運び込んでいた。戦後の数年間は、台湾と米国統治下の沖縄、そして日本本土を結ぶ闇の三角貿易の拠点として栄え、人口は1万2000人にも膨らんだことがある。

当時、島人は働かなくても庭先を倉庫代わりに貸すだけでお金が入り、暮らしていくことができたという。

日本の最西端、与那国島の西崎。与那国の沖合には中国船の姿も（撮影＝山田吉彦）

しかし、昭和25年の頃、米軍の統制が厳しくなって密貿易ができなくなり、島は衰退の一途をたどった。

その後、過疎化が進み、人口は１６００人ほどにまで減少している。与那国島の人々は、かつてのように台湾との交流を進めたいが、中国を気にする政府はあまり乗り気ではない。そこで与那国町では、独自に台湾の花蓮市に事務所を置き、航空機の特別便を飛ばすなど台湾との直接交流を行なっている。

## ✣ 自衛隊員の増加に期待を寄せる ✣

２０１１年に策定された防衛計画では、将来、この島に２００人規模の陸上自衛隊が配備されることになっている。島では、自衛隊誘致を選挙公約に掲げる現町長と反対派の代表が町長選を争い、現職が有効投票数の6割を得票し再選された。しかも、この選挙の投票率が96％にのぼり、島の人々の関心の高さを示した。その後、行なわれた町議選挙でも誘致派が優勢で、議席の3分の2を占めた。

与那国島の自衛隊に対する期待は、隣国からの侵略に備える国防上の思いだけではない。毎年のように台風の被害を受け、また、津波への備えを常時怠ることができない島の人々にとって、自衛隊員がそばにいてくれることは、何よりも安心につながるのである。台風や津波といった自然災害に常に脅かされている島では、自衛隊の駐屯は悲願なのである。

また、漁師たちは東シナ海を徘徊する中国船を時折、目撃し、隣国の脅威を感じている。

さらに、与那国島には中国語が書かれた海底地震計らしき球体や用途がわからない流線形のブイのようなものが漂着した。ブイを発見した島人は、すぐに石垣島にある海上保安部に連絡したが、なしのつぶてであり、不審なブイは島の人により陸揚げされ、いまも放置されたままだ。

しかも、島の近海では、中国、台湾の漁船が違法操業を繰り返し、時には、与那国の漁船の網を切断するなどのトラブルが起きている。

このような情況においても与那国島の治安は、島に駐在する2人の警察官と、石垣島から交代で派遣されている1人の海上保安官により守られている。国境の警備というには、あまりにもお粗末《そまつ》な状況だ。一見すると平和な島だが、国境の島としては厳しい状況にある。この状況を改善するには、自衛隊の駐屯も含め、ダイナミックな施策が必要である。

島には、「どなん」という泡盛がある。この泡盛は、アルコール度数60度だが、特別に製造が認められている。強烈にきつい酒だが、甘みもあり、喉《のど》ごしもよい。ただ、調子に乗ると腰が立たなくなってしまう悪魔の酒でもある。与那国島の人々は、島の酒場でこの強い酒を飲みながら、島の行末を毎日のように議論しているのだ。

東シナ海・尖閣諸島

# 東シナ海のガス田開発で日本を手玉にとる中国

## ✛国際法上はクレームをつけることができない✛

2012年2月、東シナ海で中国が開発を進めている海底ガス田群の樫《かし》（中国名は天外天）の掘削プラントから炎が立っているのが発見された。この一帯の海底ガス田の開発は、日中両国が協議をする約束である。日本は、またも約束を破ったことに抗議したが、中国は自国の海域内であると知らぬ顔だ。

東シナ海におけるガス田開発は、2008年5月、白樺《しらかば》（中国名は春暁）の開発に日本が参加し、翌檜《あすなろ》（中国名は龍井）の南側鉱区は日中の共同開発とすることが合意された。また、楠《くす》（中国名は断橋）、樫、翌檜の一部については、合意に至らず継続協議ということになった。しかし、以後、協議は進んでおらず、中国は単独で開発を続けている。

中国は、1998年に東シナ海の日中の中間線から中国側に70キロメートル入った平湖

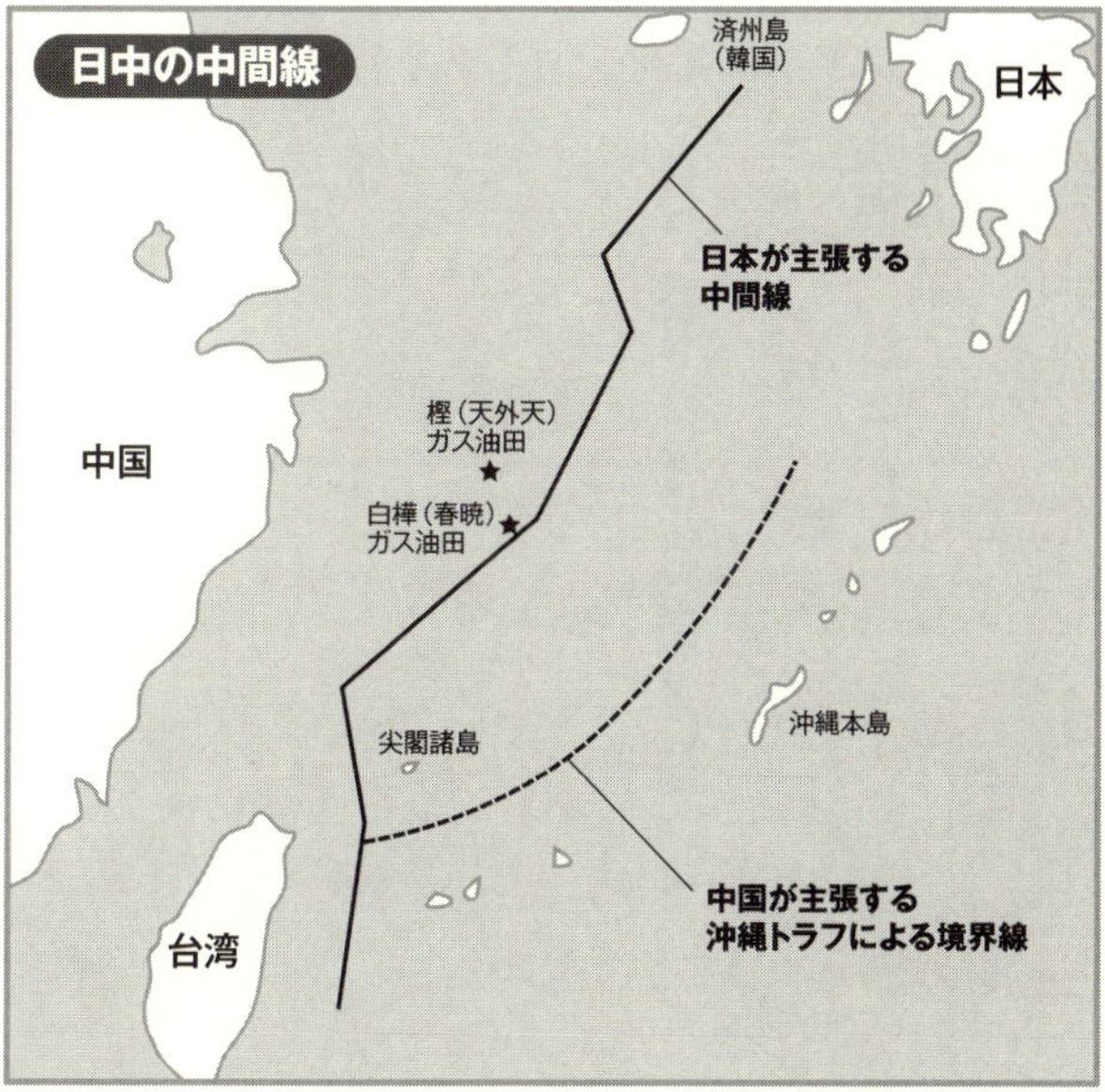


ガス田の開発に着手した。以後、日本との中間線の付近で次々と海底ガス田の開発に着手している。

　白樺は、日本と中国の中間線からおよそ1・5キロメートルしか離れていない。日本の調査では東シナ海の石油・ガス層は日中の中間線を跨《また》っている可能性が強く、中国が、ガス油田の採掘を先行すると日本側の海底に眠る資源までストローで吸うように中国に採られてしまうことになる。

　ただし、中国が、海底に眠る天然ガスを日本の分まで吸い取ったとしても、国際的には問題とはならない。海底や地底に眠る天然ガスの権利を争っていたのでは、アラビア半島やペルシャ湾岸は毎日のように戦争をすることになるだろう。1991年、イラクがクウェートに侵攻した時、フセイン大統領（当時）は、イラクの石油をクウェートが吸い取っているということを口実とした。国際的な視点からいうと、日本が中国の開発に「いちゃもん」をつけていると映りかねない。

当然、中国は計算づくで、採掘海域を選んでいる。日本側が主張する中国と日本の中間線よりも、少しだけ中国に入った海域であり、国際法上はクレームをつけることができないのだ。

## ✢ 採算は悪く日本企業の動きは鈍い ✢

日本政府は中国に対し、この海域のガス田に関するデータの提供を求めたが、「中国の排他的経済水域内であり問題はない」と門前払いされた。そこで日本政府は、中国に日本の海域内のガスまで取られては大変だと、ガス田開発を中国と共同で行なうことを考えた。

実は、中国は最初から日本との共同開発を目指していた。さまざまな挑発の仕方で、中国は見事に東シナ海ガス田開発に日本の資金を導入する道筋をつけたのである。白樺（春暁）ガス田の開発について、日本政府の発表では共同開発ということになっているが、中国の発表は、日本の企業が中国の海底ガス油田開発に投資をするということになっている。日本政府が試掘の許可を与えた企業は、動く様子を見せていない。海底の試掘は費用がかかるうえ、天然ガスを日本本土へ輸送するためには、海底パイプラインを引かなければならない。到底、採算が取れるものでなく、事業の実施には踏み切れないのだろう。

中国側も同様である。すでに上海の南にある東シナ海沿岸の都市・寧波《ニンポー》までパイプラインが引かれ、ガスの精製基地が作られているが、本格的に稼動している様子はない。

海底パイプラインの輸送可能量から見ると、中国も、この海域のガス田の埋蔵量には期待していないようだ。中国側の目的は、現在、開発を進めている海域より南にある尖閣諸島近海の海底油田開発なのである。この油田のほうが、豊富な埋蔵量があり、価値が高いといわれている。白樺ガス田の共同開発は、その布石にしか過ぎないのだ。

東シナ海・尖閣諸島

# 尖閣諸島は歴史的に見ても日本の領土

## ✢明治時代は経済活動が盛ん✢

1月14日は、石垣市の条例で制定されている「尖閣《せんかく》諸島開拓の日」である。1895年のこの日、閣議において尖閣諸島を沖縄県の所管として、島に標抗を立てることが決められたことに由来する。すなわち、日本政府が尖閣諸島を日本領として組み入れることを決めた日である。

尖閣諸島の開拓に着手したのは、八女茶《やめちゃ》の販路拡大のため、沖縄を訪れていた古賀辰四郎だ。1884年、台湾へ向かう船から見た尖閣諸島に興味を持ち、探検隊を派遣して、この島の開拓の可能性を調査したという。調査の結果、この島は無人島でどこの国の支配下にもないことが判明した。そして、魚釣《うおつり》島、久場《くば》島を中心にアホウドリの捕獲や鼈甲《べっこう》の採取を始めた。

魚釣島の灯台。現在は無人島になっている　(撮影=山本皓一)

沖縄での辰四郎のビジネスは、お茶商人というよりも、沖縄の品を扱う商社であった。沖縄では、身だけを食べて捨てられている夜光貝に目をつけ、貝殻をボタンの材料として神戸に送った。また、現在、石垣島の特産品となっている黒真珠の養殖に、御木本《みきもと》幸吉とともに着手している。そのほか、大東諸島の開拓を最初に目指したのも辰四郎だといわれている。

尖閣諸島探検から11年後、明治政府は、前述のように日本領であることを宣言し、辰四郎の「官有地拝借御願」に対し、1896年9月、30年間無償で、魚釣島、久場島、北小島、南小島を貸し出すことになった。そして、翌年、石垣島から船に30数人の労働者と建築資材を乗せ、住宅、作業場、船着き場の建築を開始した。

尖閣諸島を正式に借り受けた辰四郎は、アホウドリの羽毛の採取を始め、年間10万羽以上を捕獲したといわれている。

そして、辰四郎による島の開拓が本格的に始まり、島の剥製《はくせい》工場、かつお節工場などが建設され、島には古賀村と呼ばれる集落もできた。尖閣諸島開発の功績により、古賀辰四郎は1909年に藍綬褒章《らんじゅ》を授与された。この年、尖閣諸島には99世帯248人が暮らしていた。鳥の剥製とかつお節の製造を行なったのは魚釣島と南小島であったようだ。また、アホウドリの糞も肥料として売るために採取された。久場島には井戸がなく、雨水を蓄えて水を確保しなくてはならないため開発が遅れたが、平坦な土地を利用して果樹栽培なども行なわれた。

## ✢日本政府には毅然とした対応が求められる✢

尖閣開拓を見届けた辰四郎は、1918年に63歳で永眠した。

余談であるが、1919年中国福建省の31人の漁民が尖閣諸島に漂着したのを、島の人々が救助して中国に送り返している。この時、中国政府から尖閣諸島の人々に感謝状が

## 尖閣諸島をめぐる歴史的経緯

### ●日本における領土の経緯

| | |
|---|---|
| 1884年 | 福岡の古賀氏が探検隊を派遣。 |
| 1895年1月14日 | 日本の領土に編入する閣議決定。 |
| 1896年 | 沖縄県八重山郡に編入。 |
| 1920年 | 中国の遭難した漁民を助けた尖閣諸島の島民が感謝状を中国政府から受ける。この感謝状には「日本帝国沖縄県八重山郡尖閣列島」が明記されている。 |
| 1945年 | 沖縄とともに米国の統治。 |
| 1953年 | 人民日報に「沖縄の尖閣諸島」の記事が掲載される。 |
| 1972年 | 沖縄返還協定にもとづき返還。 |

### ●中国の動き

| | |
|---|---|
| 1968年 | 国連アジア極東経済委員会(ECAFE)が東シナ海の海底を調査。 |
| 1969年 | 埋蔵量豊かな海底油田の可能性を発表。 |
| 1971年 | 台湾と中国が領有権を主張。 |
| 1978年 | 100隻の中国の抗議船が領海侵犯。<br>日中平和友好条約の締結により領土問題は棚上げ。 |
| 1992年 | 領海法を制定し、一方的に尖閣諸島を自国の領土に組み入れる。 |
| 1996年 | 国連海洋法条約にもとづきEEZを設定・中国抗議船の侵入。 |
| 2004年 | 中国の反日グループの不法上陸。 |
| 2010年 | 海島保護法の施行(制定は2009年)。無人島である尖閣諸島を国有地とする。<br>中国トロール漁船が久場島から15キロメートルの沖合で日本の海上保安庁の2隻の巡視船へ船体をぶつけ逃走を企てた。 |

贈られている。この感謝状は、当時の中国政府が尖閣諸島を日本領として認識していた証拠となる。

　1932年、魚釣島、久場島、南小島、北小島の4島が日本政府から辰四郎の子、善次に払い下げられ、尖閣諸島は私有地となった。

　古賀家による尖閣開拓事業は、1940年まで続けられたが、第2次世界大戦の開戦を間近にした国内情勢の中で、この年、島民全員が島をあとにした。そして、現在は無人島になっている。

　1971年に中国は突如として「尖閣諸島は台湾の一部であり、よって中国の領土である」と主張し始めた。その理由は3つ。1つ目は海底油田（1000億バレル、600兆円の価値に相当する）の獲得であり、2つ目は漁業海域の拡大、3つ目は軍事的に東シナ海の制海権を獲得することにあると思われる。

　しかし、中国がいくら領有権を主張してもその証拠はない。歴史的にも国際法的にも、何に依拠するのかが明確でない。日本政府は2010年9月24日に起こった尖閣事件（中国漁船が海上保安庁の巡視船に船体を衝突させたことから船長を逮捕。のちに釈放）の時のような対応ではなく、毅然とした姿勢が求められる。

東シナ海・尖閣諸島

# 世界一高い島？ 沖ノ鳥島

## ＋1坪の小さな島が巨大なEEZを持つ＋

日本最南端の島である沖ノ鳥島は、1坪ほどの小さな島だ。しかし、この島の土地単価は、日本一あるいは世界一高いかもしれない。この島を維持するために日本政府は、300億円近い費用をかけて護岸工事を行ない、さらに年間2億円ほどの管理費をかけているからだ。沖ノ鳥島にこれほどの国費を投入する理由は、この島を基点に広がる排他的経済水域（ＥＥＺ）が40万平方キロメートルを超えているからである。日本の国土面積は約37万平方キロメートルだから、その広さがわかろう。

排他的経済水域の海底の資源は沿岸国が開発する権利を持つが、この海域の海底にはニッケル、マンガン、コバルト、銅などを含む金属鉱がかなりの量で存在することが判明している。未来の日本を支える貴重な資源が眠っているのだ。

沖ノ鳥島は周囲約10キロメートルのサンゴ環礁に囲まれている　（撮影＝海上保安庁）

沖ノ鳥島は、東京から南に約1728キロメートルの海上にある。北緯20度25分、北回帰線より南にあり、国内で唯一熱帯気候に属し、アメリカ・ハワイ州のホノルルやベトナムのハノイよりも南に位置している。

標高は、0メートル。サンゴ礁の中に満潮時16センチの高さの北小島と同じく6センチの東小島が顔を出している。九州・パラオ海嶺上にある海山で、その頂上にあるサンゴ礁が波の上にその存在を示しているのである。

最も近い港、那覇《なは》港からでも船に乗って丸2日かかる。もちろん飛行場などはない。沖ノ鳥島の存在が確認されたのは、16世紀。スペイン人により発見されたといわれている。19世紀、オランダ商館の医師シーボルトが書いた『日本』の中にも「ダグラス礁」として紹介されている。

日本が初めてこの島の調査を実施したのは1922(大正11)年、旧海軍水路部(現在の海上保安庁海洋情報部)により行なわれた。そして、1931(昭和6)年、日本領に編入した。第2次世界大戦後は米国の統治下に置かれたが、1968年に小笠原とともに返還された。

## ✣「島」ではなく「岩」だと、異論を唱える中国✣

沖ノ鳥島の周囲には、東西約4・5キロメートル、南北1・7キロメートル、周囲約10キロメートルのサンゴの環礁で囲まれている。しかし、この環礁は満潮時に海面下に沈むため、島とは認められない。

沖ノ鳥島が日本の領土であることは国際的にも異論を唱えるものはいない。しかし、2004年4月、中国は、「沖ノ鳥島は『島』ではなく『岩』であり、排他的経済水域の基点とはならない」といい出した。国連海洋法条約121条1項では、満潮時に水面上にあり、水と接している陸地を島としている。しかし、同3項には、人の居住、経済行為を行なっていないものは岩であり、排他的経済水域の基点とならないと書かれている。日

沖ノ鳥島では、サンゴ礁の増殖プランが進行している　（撮影=日本財団）

本政府としては、この島を基点として気象、波浪、生態系などに関する調査研究を実施しており、経済行為に相当し、島として十分な要件を満たしているという見解だ。２００4年と5年の2回、民間調査団がこの島を訪れた。海洋法、海洋資源、生物、環境などの専門家が、実際に島に行き、具体的な有効利用策を考えようというのだ。その結果、灯台の建設やサンゴ礁の増殖などいくつかのプランが提案された。

政府は、さっそく沖ノ鳥島に灯台を設置し、水産庁に命じサンゴの増殖実験に着手した。沖ノ鳥島海域のサンゴを沖縄県の慶《け》良間《らま》諸島に運び増殖させ、再び島に戻すのだ。約20年後には、増殖サンゴにより島が拡大されることになるそうだ。

東シナ海・尖閣諸島

# 鳥の糞が国を創る「力」になる

## ✢鳥の糞がもとになってできた沖大東島✢

沖縄本島の南東に約400キロメートル離れた海上に大海の孤島・沖大東島《おきだいとう》がある。周囲4・5キロメートル、面積1147平方キロメートルほどの小さな島である。最も近い島は南大東島で、それでも150キロメートルほど離れている。

この島を最初に発見したのはスペイン人で、サンファン号の船長ベルナンド・デ・ラ・トーレであるといわれている。この時、沖ノ鳥島、南大東島なども発見されたことになっているが、当時の地図、海図の精度からその信憑性《しんぴょうせい》が疑われている。この島の別名は「ラサ島」と呼ばれている。19世紀初頭、西大西洋を調査中のフランス海軍により命名された。「ラサ」とはラテン語で平坦という意味らしい。この島の最高地点は31・1メートルであり、台風の時などは島内の多くの地域が波に洗われてしまう。

この島は元来、隆起サンゴ礁でできていたが、現在、島を構成している土壌のほとんどが、海鳥の糞《ふん》と石灰質とが化合してできた「グアノ」と呼ばれる糞化石質燐鉱石《ふんかせきしつりんこうせき》からなっている。いうなれば、沖大東島は鳥の糞でできた島なのだ。世界的に見ると、太平洋上のナウルもアホウドリの糞によるグアノで造られた島だ。鳥の糞は、ひとつの国を造るほどの力を持っているからすごい。残念ながらナウルのリン鉱石はすでに枯渇したと考えられている。

### ✣ 現在は無人島だが、再利用の構想が持ち上がる ✣

現在、沖大東島は無人島である。全島がラサ工業という企業の私有地であるが、国が借り上げて、米軍の射爆訓練場となっている。同社が受け取っている地代は公表されていない。

この島は、1900年に日本領に編入された。1907年、この島を農商務省肥料鉱物調査所の初代所長の恒藤規隆氏らが調査したところ、リン鉱石が発見され、採掘が開始された。

リン鉱石は、当時の農業改革の一翼を担う肥料の材料として利用された。1911年、恒藤氏により、リン採掘の企業として創設されたのがラサ工業である。同社は現在、東証

第1部市場に上場している企業であり、機械、電子材料、化成品の製造・販売を行ない、年商300億円を超えている。

この島には戦前、気象庁の台風観測の拠点施設があり、台風情報など貴重な気象情報を収集していたが、1945年に空襲で焼失した。この時、最大2000人いた島の住民は疎開し、島が無人島になった。1972年、沖縄の一部として米国より返還を受けた時、ラサ工業の所有地であることが認められた。

上空からこの島を見ると、島全体が灰白色に見える。リン鉱石を取得するため、すでに島の地表のほとんどが剥《は》ぎ取られ、島に樹木はないからだ。第2次世界大戦後は採算面から、リン鉱石の採掘は行なわれていない。しかし、1980年に実施されたこの島の調査では、未だ300万トンほどのリン鉱石が埋蔵されていると報告され、再びこの島の利用が検討されたことがある。

この島を基点とした排他的経済水域の面積は20万平方キロメートルにもおよぶ。排他的経済水域では、沿岸国が他国を排して経済的な権益を独占することが許され、海底資源の開発や水産資源の管理などを行なうことができる水域である。この島から太平洋の海底開発に乗り出すことも夢ではない。

まだある日本領海の問題点

# メタンハイドレート開発の今

## ✢エネルギー問題の救世主登場✢

原発が安全だというのは、「神話」だったのだろうか。東日本大震災の影響で原発の危険性が注目されている。石油を燃やす火力発電は地球温暖化をもたらす。太陽光発電は経費がかかりすぎる。さあ、日本のエネルギー政策はどうすればよいのだろうか。ここで救世主として期待されているのが、メタンハイドレートである。

静岡県から和歌山県の沖にかけて南海トラフという海域がある。「トラフ」とは海底に深く切れ込んだ水深６０００メートル以内の溝で、それを超えると「海溝《かいこう》」となる。

この南海トラフ近辺などには、未来のエネルギーとして注目を集めるメタンハイドレートがあり、世界に先駆け商業生産を目指した取り組みが始まった。

メタンハイドレートとは、水の分子がメタン分子を取り込むことにより、シャーベット

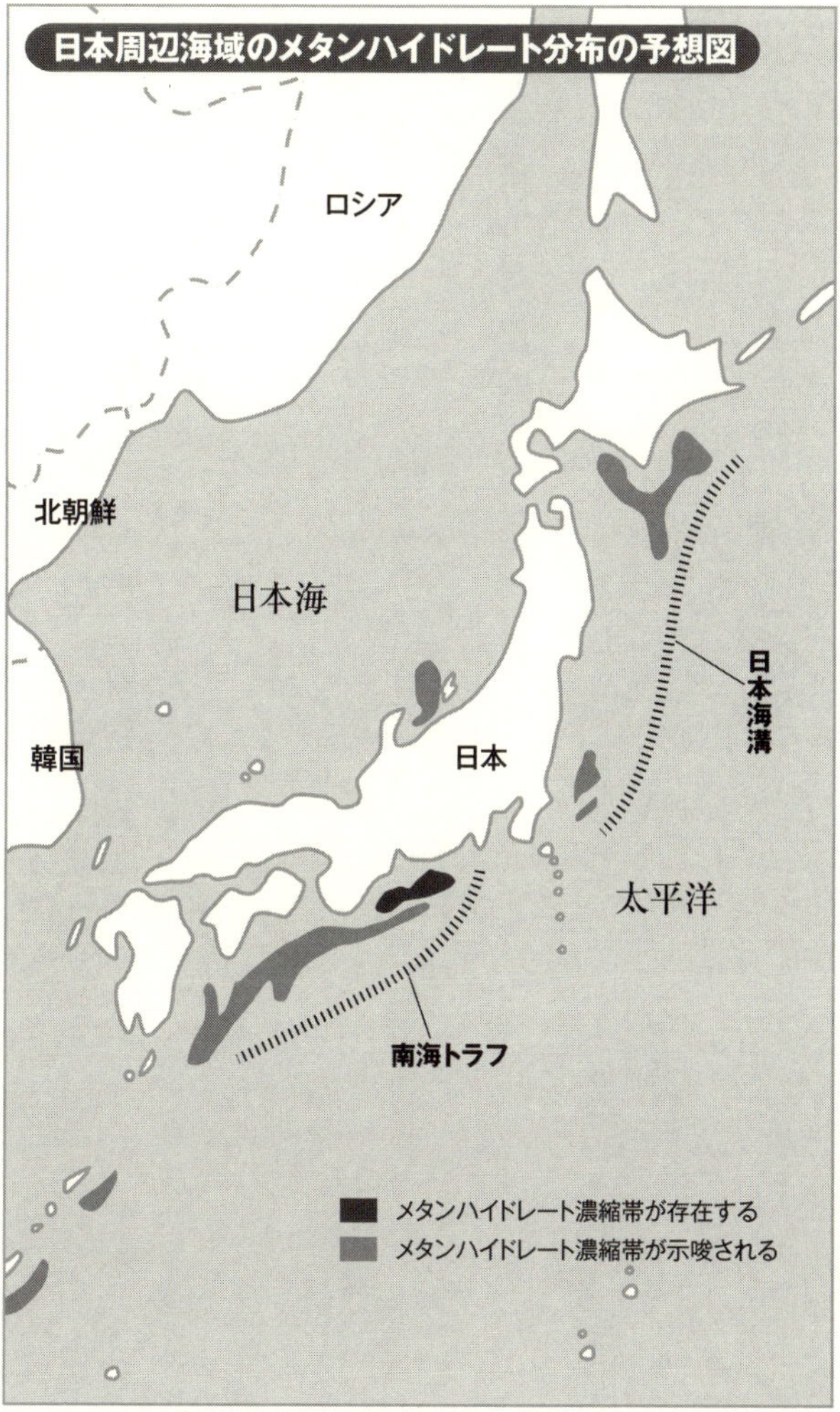
日本周辺海域のメタンハイドレート分布の予想図
ロシア
北朝鮮
日本海
韓国
日本
日本海溝
太平洋
南海トラフ
メタンハイドレート濃縮帯が存在する
メタンハイドレート濃縮帯が示唆される

状になった物質のことであり、深海底のように「温度が低く、圧力が高い」という条件下で組成される。成分は天然ガスと同じで、火をつけることができるので「燃える氷」とも呼ばれている。日本の排他的経済水域や大陸棚の海底には、このメタンハイドレートが大量に存在することが知られている。その埋蔵量は独立行政法人石油天然ガス・金属鉱物資源機構の推定によると、天然ガスに換算して7兆3500億立方メートルであり、これは日本国民が消費するガスエネルギーの約94年分に相当する。エネルギー資源の90％以上を海外からの輸入に依存している日本にとって、メタンハイドレートはエネルギー問題の救世主として期待されている。

## ✢ 漁業権、自然とのバランスが問題に ✢

経済産業省は「我が国におけるメタンハイドレート開発計画」を策定し、10年以内に商業化を目指す。メタンハイドレートを生産する技術開発は、この南海トラフ海域を実験海域として研究してきた。そして2012年から、実際に同海域において試掘計画に着手している。この海域には、1兆1000億立方メートルのメタンガスが存在すると推定されている。

この開発の拠点には愛知県の知多半島が想定され、船舶の基地としては静岡県の清水港が有力である。メタンハイドレートの抽出《ちゅうしゅつ》実験は、これまで陸上で行なわれてきた。日本政府はカナダなどと共同で、カナダの永久凍土に眠るメタンハイドレートを減圧法という技術で抽出することに成功している。

この技術を海底に応用するのだ。南海トラフのほかには沖縄海域、日本海にもメタンハイドレートは存在する。とくに能登半島と佐渡島の間の富山湾では、陸地に近い海底にあり、開発が有力視されている。ただ、問題は漁業との関係である。

東日本大震災を経て日本のエネルギー政策は転換期を迎えた。大地震とその後の大津波の影響による福島の原子力発電所の事故を受け、原子力発電のリスクを回避するために他のエネルギー開発を進める必要が生じたのだ。政府は海洋研究者たちの助言を受け、メタンハイドレート開発の推進と洋上風力発電プラントの建設を計画している。

ただし、海底からのメタンハイドレートの抽出は未知の領域である。自然界とのバランスを崩す危険性もあり、海底に封印された古代の生物や細菌が生き返るのではないかと危《き》惧《ぐ》する生物学者もいる。そのため、さまざまな研究が進められてきた。その結果、ほぼ問題なく実験海域での開発に着手できる段階に入った。未来のエネルギーが数年内に、現代社会を支えるものとなるのだ。

まだある日本領海の問題点

# イルカ漁は「善」か「悪」か

## ✢映画「ザ・コーヴ」には意図的な色彩を感じる✢

和歌山県の太地町では、いまもイルカの追い込み漁を行なっている。この追い込み漁で獲ったイルカは一部を食料にするが、その多くは世界中の水族館などに生きたまま送られる。このイルカの追い込み漁の様子を映画化したのが、2009年に製作された「ザ・コーヴ」という映画である。2010年に日本国内で上映され、話題というよりは問題となった。アカデミー賞長編ドキュメンタリー部門受賞作ということで期待したが、隠し撮りや脚色、意図的な編集が目立ち、製作者の偏見にがっかりしてしまった。

イルカ漁を隠すために立ち入り禁止をしている場所に、命がけで潜入したとしているが、「落石注意」「鳥獣保護区」と日本語で書かれた掲示板が映っていたので笑ってしまった。そもそも、舞台となったコーヴ（入り江）は公道沿いにあり、隠せるような場所ではない。何も知らない欧米の人たちは、イルカ漁自体を誤解してしまうことだろう。

この映画の公開を機に、太地町の人たちは、イルカ保護団体の人々との話し合いの場を持った。イルカ漁の歴史や太地町での生活にとってイルカ漁は必要であることを説明したが、意思の疎通は得られず物別れとなった。それどころか、保護団体のメンバーは、漁師が水族館に納入するイルカを囲っている網を切り、イルカを逃がそうとする実力行使に出た。生物保護の観点からイルカ漁を規制すべきだとの考え方にも一理あるが、イルカには生物界におけるイルカの役目があることも事実だ。水族館に送られたイルカは海洋教育、生物教育現場の主役となり、社会に貢献しているのだ。

## ✣生き物の命を無駄にしないことが大切✣

イルカは、水族館で海洋教育の教師的な役割を担う。多くの子どもたちは水族館のイルカのパフォーマンスを見て、海の生き物に興味を持ち、海洋環境保護の大切さを知るのである。この私も鴨川シーワールド（千葉県）で見たイルカとシャチのショーから、海の生き物、海の環境に興味を持ち始めた。

イルカは水族館だけでなく、自然界においても人間に貢献してきた。人間は昔からイルカを食べていたようだ。能登半島の富山湾沿岸にある真脇《まわき》遺跡（石川県能登町）では、縄文時代前期（約5000年前）の地層から大量のイルカの骨が発見されている。古代人もイルカの追い込み漁をしていたようだ。当時から、イルカは貴重な蛋白《たんぱく》源であった。イルカは、「海豚」と書く。豚肉のように一般的に食されていたのだろう。

静岡県では、スーパーの鮮魚売り場でイルカの肉を売っている。表示も当然「イルカ」だ。臭みがあるので、生姜醤油《しょうがじょうゆ》で煮込んで調理済みのものが売られている。和歌山県でもイルカを食べる。腹のあたりの肉を焼いたり、煮たりして食べるのだそうだ。環境保護団体の抗議を受けるまでは、給食のおかずにもなっていた。

イルカやクジラを食べるのは、日本人ばかりではない。大西洋のフェロー諸島、オセアニアのソロモン諸島、南米のペルーなどでもイルカは食用とされている。

ただイルカの肉を長く食用としてきた和歌山県太地町の高齢者には、毛髪の水銀濃度検査の結果、ＷＨＯ（世界保健機関）の基準値の倍の数値が検出された人もいる。１０００人以上の検査で、40人ほどが基準値を超えていた。しかし、現在まで太地町では、水銀による神経疾患の患者は発生していない。人間は生きるために他の動物を食べてきた。イルカやクジラの捕獲を禁じるよりも、それらの生き物の命を無駄にしないということが大切なのである。

まだある日本領海の問題点

# 頻繁化する覚せい剤の密輸を防げ

**✣中国の犯罪組織が深く絡んでいるケースが目立つ✣**

覚せい剤や拳銃など、日本人の生活を脅かすものが海を越えて外国から運ばれてくる。港には時々、海外からの輸入品に混じり、禁止薬物や銃器が運び込まれることも少なくないのだ。

2008年11月11日、門司《もじ》港（福岡県北九州市）の岸壁に接岸中のシエラレオネ船籍の貨物船「ユニバーサル」船中から約300キログラムの覚せい剤が押収された。海上保安庁から連絡を受けた福岡県警は同船に乗船していた12人のインドネシア船員を覚せい剤取締法違反の現行犯で逮捕した。また、荷受人である日本人が、同法違反の容疑で逮捕された。ユニバーサル号は中国の港を出港し、門司港に寄港したのち、再び中国へ向かう予定だった。同号の船主は事件発覚以後、行方不明となった。

中国の犯罪組織絡みではよくあることだが、そもそも密輸を目的に中古船を買い、船会社を作っている。事件発覚後、すぐに会社は倒産する仕組みだ。逮捕された受渡人の自供によると、中国で覚せい剤を買い入れ、2005年に300キログラム、2007年に500キログラムを日本に持ち込んだことがあるという。

また、2009年2月7日には、海上保安庁のパトロール中の航空機が高知県室戸沖を航行中の不審船から小型艇が降ろされて、着岸するところを発見し高知県警に連絡した。県警が現場に急いで赴いたところ、4個のバッグから合計120キログラムの覚せい剤が発見され、荷受人であった3人の中国人が逮捕された。この不審船は中国籍の漁船「珠香2543」で、乗船していた6人の中国人船員は、海上保安庁により覚せい剤取締法違反容疑で逮捕された。さらに、この年の7月には新潟港においても覚せい剤4・74キログラムの密輸が摘発されている。11月には小樽港で、覚せい剤2・99キログラムの密輸を発見し、日本への流入を阻止した。

密輸の方法もいろいろあり、沖合で船同士が接舷し、取引を行なうこともある。時には、浮きを付けた覚せい剤などを入れた袋を海に投げ入れ、連絡を受けた犯罪組織の人間が船で拾いに行く手口もある。広い海を利用して、薬物の密輸などの犯罪は巧みに日本に入り込んでいるのだ。

## ✢ 現在の海上保安庁の装備能力では取り締まりに限界 ✢

宮古島で10・87キログラムのケタミンという麻薬の密輸が摘発された。一方、北海道の室蘭港で覚せい剤約5キログラムの密輸に関与した船員を逮捕した。この船員は証拠隠滅のため、覚せい剤を海洋投棄したが、潜水士が海底から証拠品を拾い上げ逮捕に結びついた。

禁止薬物の密輸は近年、海上保安庁と警察が協力して取り締まりを強化していることから、薬物に関する摘発件数は2007年の25件、2008年の21件、2009年の13件と減少傾向にある。そして、2010年には10件となった。一方、拳銃など銃器の密輸事件もあとを絶たない。2006年には横浜港において拳銃22丁、自動小銃2丁、機関拳銃3丁が密輸されるところを発見し、大麻5・1キログラムとともに押収している。

日本は四方が海に囲まれているため、犯罪が海を越えて忍び寄ってくる。その警戒にあたるのが海上保安庁だが、1万2000人の海上保安官で、3万4000キロメートルもの海岸線を守っているのだから大変だ。領海と排他的経済水域の面積にすると、ひとりの海上保安官が37平方キロメートルを警備している。

まだある日本領海の問題点

# 環境保護に悩む屋久島

## ✣建設資材には不向きで残された、縄文時代からの尾久杉✣

鹿児島県の大隅《おおすみ》半島の沖、約60キロメートルに浮かぶ屋久《やく》島は、1953年12月、奄美諸島が米国から返還されるまで「国境の島」であった。当時の島の様子は、林芙美子《ふみこ》の小説『浮雲』に描かれ、「屋久島は月のうち三十五日が雨」と屋久島の降雨量の多さが紹介されているが、この雨は古代から樹木を育て、かけがえのない自然を創り上げてきた。

この島は洋上のアルプスの異名を持ち、島の中央部には九州の最高峰である宮之浦岳《みやのうらだけ》（標高1935メートル）がそびえる。周囲132キロメートルの円形の島で、島の土地の90％が山林で、樹齢数千年もの杉の古木が多い。古木として知られる「大王杉」は、科学的調査でも樹齢が3000年を超えていることが判明している。

屋久島は、『日本書紀』には616（推古24）年　掖玖《やく》人が大和朝廷に朝貢したことが

屋久島へ向かうフェリー。便数は減ることに　（撮影＝山田吉彦）

記されているところから、元来は外国扱いであった。その後、種子島とともに「多《た》禰《ね》」という国家を形成したが、700年代初頭には大和朝廷に征服され、国土の一部に組み入れられ、多禰国となった。その後、824年には大隅国に編入された。

江戸時代には薩摩藩の直轄地となり、多くの杉が伐採されたが、縄文時代からの古木は搬出が難しいのと木目が複雑で建築資材には不向きだったために残されたようだ。

屋久島は、1993年にユネスコの世界自然遺産に指定され、その豊かな自然環境が注目されはじめ観光客の来島が倍増した。観光客を目当てに、高速フェリーの新規事業者が進出して、2007年の来島客数は40万人に達した。

## ✢ 環境保全にさまざまな取り組みが実施されている ✢

屋久島は、2007年に上屋久町と屋久町の2町が合併し、人口1万4000人ほどの屋久町となった。この中には、旧上屋久町の口永良部島《くちのえらぶじま》（人口約160人）も入っている。

環境保護の島となった屋久島の人々には、観光客の流入による屎尿《しにょう》、ゴミの処理問題、山道が踏み荒らされるなどの新たな悩みが発生した。町は国や鹿児島県の力を借りながら、環境整備を進めて一つひとつの問題を克服している。しかし、すべてがうまくいっているわけではない。たとえば電気自動車だ。2000年前後、旧上屋久町では環境に優しいというので、補助金を受け、電気自動車を導入した。しかし、5年後、バッテリーの交換のためて1台あたり250万円の費用が必要となってしまった。これではじめから小型車にしておけばよかったとの声が強い。現在でも県は「屋久島電気自動車普及推進支援事業」として、電気自動車の普及に力を入れているが、地元では時期尚早として、ハイブリッドカーのほうがよいとの意見が大勢だ。

また、景気の悪化に伴い観光客の減少が始まり、2社あった高速フェリーの会社が、2011年に統合し、再び船の便数が減ることになった。

実は屋久島には、環境以外にもエネルギー政策の転換期を迎えた日本において注目されることがある。この島は、国内では珍しい発電会社と送電会社が分かれる「発送電分離」が行なわれているのである。

島には、屋久島電工という炭化ケイ素の製造・販売を行なう会社がある。同社は精錬に必要な電力を確保するため、豊富な水資源を生かして、島内に3カ所の水力発電施設を保有している。また、その補完のために小さいながら火力発電も稼働している。屋久島では、屋久島電工が作った電力を3つの地域の事業組合に、九州電力が各家庭、事業所などに送電しているのである。

東日本大震災後、東電の原発事故もあり、発送電分離が検討されている。とくに製鉄所や大規模プラントを持つ工場の近くでは、企業の作った電力を有効活用することも可能なのだ。

屋久島の取り組みについて注目すべきは、環境を生かし、人間が共存する取り組みである。一度、人間が足を踏み入れた自然環境は、永遠に人間が管理し続けなければならないという責任を負うようだ。

まだある日本領海の問題点

# 奄美大島の危機を救ったコミュニティFM

## ✢災害に強い情報伝達手段✢

奄美大島は雨の島だ。日照時間が日本一短いといわれるほど、雨雲が島を覆う日が多い。

2010年10月、奄美大島に降り注いだ豪雨は、島の人々に多大な被害をもたらした。山が崩れ、川が濁流となり、家々を押し流した。3人のお年寄りが命を奪われ、総額120億円を超える被害となってしまった。島に暮らす1366世帯、2822人に避難指示・勧告が出され、着の身着のままで避難所での暮らしを余儀なくされた。

そんな中で活躍したのがコミュニティFMである。コミュニティFMとは、FMラジオを利用した居住地域単位のメディアである。2010年現在、全国で234のコミュニティFM放送局が活動している。

奄美大島には、「ディ!ウェイヴ」(以後、ディ!)、別名「エフエム奄美」という放送局がある。普段は、商店街のビルの2階にあるスタジオから、音楽と地域情報を中心にした番組を放送している。この「ディ！」が奄美豪雨の時に大活躍したのだ。

島の人々は携帯電話も思うように通じず、テレビを見たりインターネットを利用できる環境もなく、自分の置かれた状況も理解できず、家族、親戚《しんせき》、友人の安否を知ることもできなかった。

ディ！のスタッフは10月20日から24日まで、不眠不休で放送を続けた。気象情報、被災地の状況を流すとともに、ラジオを通して住民の安否確認を行なった。インフラが寸断された社会において、ラジオは最も有効な情報伝達手段である。

ディ！が開設されたのは、２００７年。運営は、特定非営利活動（ＮＰＯ）法人ディである。この法人の代表である麓《ふもと》さんは、ライブハウス「ＡＳＩＢＩ」を経営し、奄美出身のアーチストたちに活動の場を提供してきた。奄美の人々は幼い頃から島唄をうたい、才能を開花させる人も多い。このライブハウス出身者には、元《はじめ》ちとせ、中孝介《あたりこうすけ》、カサリンチュなどメジャーで活躍している人も少なくない。また、島を離れず、島唄を中心に歌い続ける中村瑞希《みずき》は、いまもこのライブハウスのステージに立っている。

## ✛ 東日本大震災後の地域復興にも役立つ ✛

ライブハウスのセットは、元大工だった麓さんの手作りである。音楽を通して島の文化をはぐくむことが、彼の当初の目的だった。その目的はどんどんふくらみ、コミュニティFMというメディアを通し、地域貢献をしたいという願いになった。そのひとつが、毎年のように島の人々を悩ます台風、豪雨への対策である。2009年、ディ！は奄美市と災害時における緊急無線協定を結び、行政とも協力し、島人を豪雨被害から守るための取り組みを始めた。

奄美豪雨の時は、コミュニティFMという地域性を生かし、一人ひとりの住民の安否など細かな情報を提供し続けた。この経験は、2011年3月11日に発生した東日本大震災後の地域復興活動に役立った。

「島」においては、地域性を考えた活動が重要だ。奄美大島以外にも、石垣島のサンサンラジオなど、離島で活動するコミュニティ放送があり、地域密着の情報を提供している。島だけではない、日本の各地で、地域の人々のことを考えた温もりも感じられるメディア、コミュニティFMの活動が注目される。

歴史編

# 日本の領海で起きた紛争・事件史

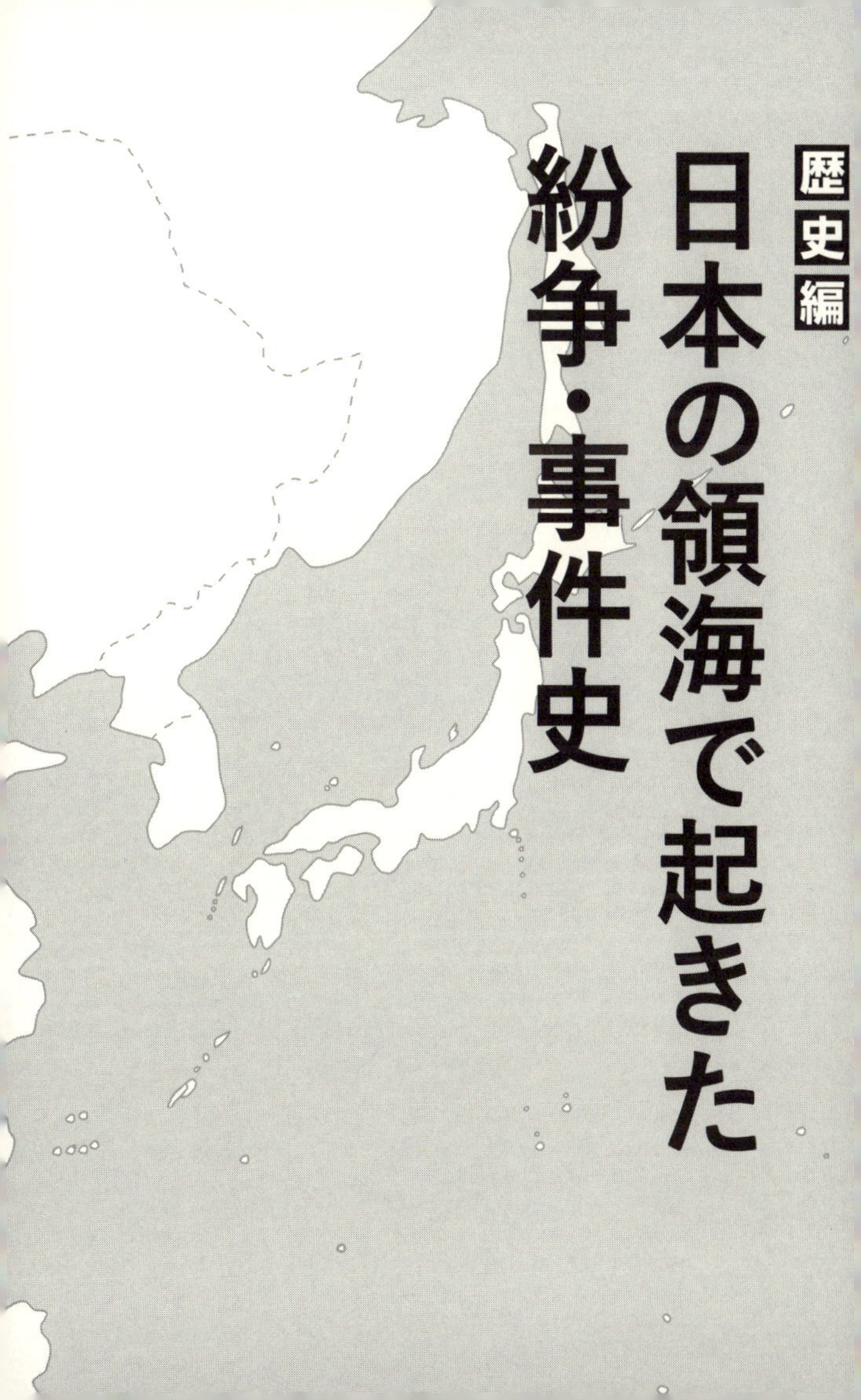

古代史

# 日本の島の第1号は淡路島？

## ✢『古事記』では本州は第8番目✢

日本には数多くの島があるが、その島の第1号は、淡路島である。もちろん地質学や地理学の話ではない。日本最古の歴史書である『古事記』に記載されていることだ。『古事記』は、天武天皇が天才的な記憶力を持つ稗田阿礼《ひえだのあれ》に命じ、誦習した天皇家の歴史や旧事を、712（和銅5）年に太安万侶《おおのやすまろ》が文字に表し、書き残したものである。地質学的に見ると、日本列島は5000万年ぐらい前に大陸プレートと海洋プレートの変動でできたようだ。大陸と陸続きであったのはご存じのところだろう。

『古事記』に書かれた話の内容は一般に「神話」といわれている。日本の神々に関する話であるからだろう。ここでは、イザナミノミコトとイザナギノミコトの男女の二神が、天の浮橋にたち、矛で混沌とした大地をかき混ぜ、この時、矛から滴り落ちたものが積もって島となったと神様がこの国を生み出した時の話が伝えられている。この島は、淤能碁呂《おのごろ》島という。

そして二神は、この島に降臨して結ばれ、現在、人々が暮らしている島々を生み落としていく。ふたりの神様が生んだ子どもが日本の島々になったのだ。まず、最初に生んだ国が、淡路島（淡道之穂之狭別島）だ。続いて四国（伊予之二名島）、そして隠岐島（隠伎之三子島）、九州（筑紫島）、壱岐島（伊伎島）、対馬島（津島）、佐渡島（佐度島）、本州（大倭豊秋津島）の順に生み出している。一番大きい本州が8番目というところが不思議だ。この8つの島を大八島国《おおやしまぐに》と呼び、日本という国の骨格である。

## ✛島国意識は日本の古代から強くあった✛

この大きな島のあとは、吉備児島《きびのこじま》（岡山県の児島半島）、小豆《しょうど》島（瀬戸内海の小豆島）、大島（山口県の屋代島もしくは愛媛県の大三島）、女《ひめ》島（大分県の姫島）、知訶《ちかの》島（長崎県五島列島）、両児島（不明）などのこまごまとした島を生んだようだ。まだこの頃の日本人は、北海道や奄美大島、沖縄本島の存在も知らなかったのだろう。ちなみに女島と書かれた姫島は、国東《くにさき》半島（大分県）の沖6キロメートルに浮かぶ総面積6・79平方キロメートルの小さな島である。最近は、島民が少ない仕事を安い給与で働くことにより分け合うワークシェアの島として知られている。

720（養老4）年に舎人《とねり》親王らによりまとめられた『日本書紀』では、少し内容が違う。イザナミの命とイザナギの命により国土創生が進められたことは同じだが、創った島は、淡路洲、大日本豊秋津洲、伊予二名洲、築紫洲、億岐洲（隠岐島）、佐度洲（佐渡島）、越洲（コシノシマ、北陸地方）、大洲（オオシマ、大島）、吉備子洲（キビコシマ、児島）で、この洲＝島で大八洲国としている。ただ、『日本書紀』は書き写された書によって、島の名や造られた順番が変わる。

8世紀前半、天皇家を中心とする国家体制を構築、律令制度を完成する過程の日本の領域はこの大八島、大八洲を中心になりたっていたことが想像される。そして、日本という国は海に囲まれた島国であるという意識が、日本国の古代から強かったことを示している。

日本は歴史的に見ても、民俗学的に見ても島国なのである。

古代史

# 日本で初めての国境警備隊「防人」

## ✢大和朝廷は百済を支援するために軍を送った✢

日本の国境警備隊の先駆けは、664年に壱岐・対馬・九州北部に置かれた「防人《さきもり》」である。7世紀半ば、大和朝廷は友好国である朝鮮半島の百済《くだら》が唐と新羅《しらぎ》の連合軍に攻められ国土を奪われる事態となったため、斉明《さいめい》天皇自らが加わって救援軍を組織した。

しかし、661年、筑紫国で天皇が崩御。中大兄皇子（後の天智天皇）が責務を代行し、翌年、対馬海峡を越えて朝鮮半島へと軍船団を送った。日本海軍は前将軍として、西国に勢力を持つ阿曇野比羅夫《あずみのひらふ》、後将軍には蝦夷地支配に功績があった阿倍比羅夫《あべのひらふ》が指揮をとった。

しかし、救援軍は日本の総力をあげたものだったが、663年、朝鮮半島の錦江河口で唐の海軍と衝突した「白村江《はくすきのえ》の戦い」で敗れ、日本軍は九州へと逃げ帰った。

白村江の戦いのあと、中大兄皇子は唐・新羅軍の追撃を恐れ、対馬の地を国境警備の最前線として、守備隊である防人を配備し、国境監視の任に当たらせた。また、国境の状況を伝達する手法として、烽《すすみ》というのろし台を設置し、警備状況を都まで伝達する仕組みを作った。そして、中大兄皇子は667年に、海から離れた近江国の大津に遷都し、翌年、即位して天智天皇となった。

最前線の対馬では、667年に対馬海峡の西側を見下ろす標高375メートルの岩山に、朝鮮式山城である金田城《かねたのき》が築かれた。金田城には山の稜線に沿って石塁が配置され、防人たちの駐屯施設が整備された。その石塁は1300年以上たった現在も残され、当時の国境警備の様相を伝えている。665年に筑紫国に作られた大野城が百済からの亡命者により建築されていることから、金田城の建築にも百済人が関与した可能性が高い。

## ✢『万葉集』に伝わる防人の実態✢

防人の多くは、東国から徴用された民で、税が免除される代わりに手弁当で国境警備の任務に就いた。その様子は悲惨であり、『万葉集』の中に防人の歌として伝えられている。その中のひとつを紹介すると

「唐衣《からころも》　裾《すそ》に取《と》り付《つ》き　泣《な》く子《こ》らを　置《お》きてぞ来《き》ぬや　母《おも》なしにして」

家族を置いて、無事に帰る保証のない前線へと3年交代の約束で送られたのである。金田城に配置された防人は、24時間体制で朝鮮半島の方向を監視した。もし、敵の船が見えた場合は、烽火《のろし》をあげ、壱岐経由で大宰府へと連絡した。大宰府の近くに最終防衛ラインとして水城《みずき》が造られていたことからすると、防衛ラインより前線にいる防人は非常に危険な任務であったようだ。白村江の戦いのあと、唐と新羅が対立したことから、日本への追撃はなかったが、対馬は国境警備の最前線として緊張を続けた。大宰府の防人司は795年に廃止されたが、壱岐と対馬の防人軍は平安末期まで存続していた。

金田城に上ると、長い東アジアの歴史の中に、自分自身が存在している気持ちになるから不思議だ。この城は、その後も元寇や倭寇、豊臣秀吉の朝鮮出兵など、対馬海峡における幾多の戦乱を見続けたのである。最果ての島で、国そして家族を守るために戦いに備えた人々がいた。いまこそ、離島に暮らし国を守る人々を大事にしなければならない。

平安時代

# 海賊に脅えた文豪・紀貫之

## ✣「土佐日記」に克明に記す✣

平安の文豪、紀貫之《きのつらゆき》（？～945）は海賊に脅えていた。その時の気持ちが、『土佐日記』の中につづられている。

「男もすなる日記といふものを、女もしてみんとてするなり」

『古今和歌集』の編者のひとりとして知られる紀貫之が書いた『土佐日記』の冒頭の一節である。この日記は承平4（934）年、4年間の土佐国司の任期を終え、京の都に帰る途中の出来事をフィクションを交えながら、女言葉を使い仮名文字でつづったものである。

貫之が生きた平安時代の瀬戸内海は、海賊の巣窟であった。貫之は土佐に赴任していた。承平2年、瀬戸内海には海賊が横行し、翌3年には南海道に海賊対策のための警固使が置かれている。海賊の多くは貴族社会の矛盾により生まれた貧しい人々で、国家に対する不満が募っていた。そして国衙《こくが》や荘園から都に輸送する米や海産物などの荷を積んだ船を襲っていた。

土佐日記には、当時の瀬戸内海を中心とした四国の海域が海賊の支配する海であったことが記載されている。海賊たちの真っただ中を、貫之たちの船は進まなければならなかった。土佐の国司であった貫之は海賊を取り締まる側の立場であり、また、海賊の憎しみの対象であった公家であったことから、自分が海賊に襲撃されるのではないかと脅えていた。飢えと貧困に苦しむ人たちは贅沢三昧《ぜいたくざんまい》の暮らしをしている公家を、庶民の敵だと考えていたようだ。

## ✢ 夜間の危険な航海にかける ✢

土佐の国司の館から京の都までは55日間の旅で、ほとんどを船で移動している。現在の高知市大津にあった港を出た一行は、土佐湾を海岸線伝いに東へ進み、室戸岬を経て紀伊水道へと入った。当時の船旅は航行するのは日中だけで、夜は上陸して宿で泊まったようだ。しかも雨が降ると、船は停泊してしまうのんびりとしたものだった。しかし、日記には、この船旅が危険をはらんだもので、常に海賊に脅えていたことが書かれていた。承平

5年1月23日の記事には、紀伊水道の入り口あたりで、「このわたり、かいぞくのおそりありといへば、かみほとけをいのる」と、海賊襲撃に脅え、神仏に祈願しなければならない心細さが書きつづられている。

続いて25日には、「かいぞくおひくるといふこと、たえずきこゆ」。26日には、「かいぞくおふといえば、よなかばかりより、ふねをいだして」と海賊に脅えながら航海していた様子がうかがえる。これは徳島沖の話である。30日には「かいぞくは、よるあるきせざなり、とききて、よなかばかりにふねをいだして、あはのみとをわたる」。「あはのみと」とは鳴門海峡あたりで、当時は灯火もなく、海賊は日中だけ活動していたため、海賊のいない夜を選んで船を進めたというのだ。

貫之一行は海賊に見つからないように、夜間、危険な航海に出て、闇に隠れて海峡を渡った。そして、「いまは、いづみのくににきぬれば、かいぞくものならず」と淡路島を経て和泉の国に到着したら、もう安心と安堵《あんど》した様子がうかがえる。

貫之が帰京した2年後、瀬戸内海では藤原純友が千隻もの海賊船を従え、伊予から阿波までの沿岸部を襲う事件を起こした。海賊が瀬戸内海を朝廷に代わって支配したのだ。

平安時代

# 瀬戸内海航路の安全に心血を注いだ平清盛

## ✢貿易拡大で一門の財源を維持する✢

平清盛は、中国（宋）との貿易により、平家一門の財源を維持しようとしていた。そして平家を越えて国家財政に寄与させることも考えていた。大輪田泊（神戸市）を整備し、日宋貿易へと乗り出すことを目指した。清盛は未だ見たことのない大海原に船を進めることで、行きづまった貴族社会を打破し、新しい日本を創ろうとしたのではないだろうか。そのためには、瀬戸内海航路の安全の確保が重要な課題であった。

当時、瀬戸内海の沿岸には、大小さまざまな海賊集団が無数に存在していた。瀬戸内海の海賊は、本来は漁師として生活している。しかし、不漁であったり、沿岸部を飢饉《ききん》が襲った時には海賊と化し、通航する船を襲う。とくに国衙《こくが》や荘園から都へ向けて税や貢物を送る船は格好の獲物となっていた。

保元の乱（1156年）を機に、平清盛を中心とした平家は政治の表舞台に出た。そして、世界の海に目を向け、瀬戸内海の支配に乗り出した。1159年、清盛は長男で武勇があり、温厚な性格から人望があった重盛を伊予守に任命し、瀬戸内海航路の要衝を抑えた。重盛は伊予の新居氏、高市氏、阿波の田口氏などの在地豪族に命じ、海賊の取り締まりを強化した。

伊予守は、瀬戸内海の制海権を持つための重要な役職である。重盛以前にも、源頼光、源頼義、源義家など名立たる武勇の人が任命されている。平家没落後は、木曽（源）義仲、そして源義経が任命された。それだけ、瀬戸内海は治安維持および利権の確保において重要な意味をもっていたのだ。

清盛は政治的な配慮だけでなく、宗教的には厳島《いつくしま》神社（広島県）を再興し、厚く信仰した。このことは、瀬戸内海沿岸に住む人々の心をつかむために役立った。そして、瀬戸内海の海賊は平家の水軍に組み入れられていった。

平清盛は、平治の乱（1159年）にも勝利し、その後、政権の中枢を一門で占めるまでに勢力を確立した。しかし、1180年に専横を極める平家一門に不満を持つ源氏を中心とする人々が、以仁王《もちひとおう》の平家討伐の令旨を契機に各地で武装蜂起を開始した。

瀬戸内海においては、伊予の河野氏が反平家に動いた。河野氏は伊予の古代豪族である越智《おち》氏の末裔を名乗り、また、河野氏は芸予諸島の大三島《おおみしま》にある日本総鎮守「大山祇《おおやまづみ》神社」と密接な関係を持っていた。

## ✣松浦党が戦線を離脱し、平家が敗北✣

源平合戦に水軍が本格的に登場するのは、屋島《やしま》の合戦以降である。屋島の合戦では、平家方は阿波の多田口水軍を中心としていた。

対する源氏方には、摂津の渡辺党、伊予の河野水軍、そして熊野の別当である湛増率いる熊野水軍が味方していた。源義経の従者である弁慶は熊野の出身で、湛増とゆかりがあったと伝えられている。

源氏の水軍に押された平家は敗戦を重ね、瀬戸内海の終点、壇ノ浦（関門海峡）まで追い詰められた。

壇ノ浦の合戦は、水軍による決戦であった。攻める源氏は河野水軍、熊野水軍を中心に約800隻、迎え撃つ平家は阿波水軍と九州北西部に本拠地を置く松浦党で約500隻の陣営であった。平家の船の数は少ないが、松浦党の300隻の軍船は船体が他の水軍の船の倍以上の大きさであったと考えられている。

この時、松浦党が平家方にいたのは、清盛の進めた日宋貿易により松浦党も利益を得ていたためであろう。

壇ノ浦の潮流は激しい。最大で時速16キロメートルほどの速さになる。エンジンがない当時の海戦においては、潮の上流が断然有利になる。当初、潮上にいた平家は安徳天皇や公家、女官たちを抱え、戦闘開始の決断を下せずにいた。そのうちに潮の流れが変わると、戦闘に不利と見た松浦党が戦線を離脱。その機を逃さず、源義経の指示により河野水軍が攻撃を開始、瞬く間に平家一門を粉砕して源平合戦が終焉した。

この時、河野水軍にはのちに瀬戸内海の覇者となる村上水軍が加わっていた。村上水軍は清和源氏の流れをくみ、保元の乱の時、信濃の国から瀬戸内海に進出して淡路島から塩飽諸島あたりに勢力を持った。そして平治の乱を経て、芸予《げいよ》諸島に基盤を置き、周辺の島々を支配下に置いていた。

時を経て建武の新政の時期、村上水軍の長である村上義弘は元弘の乱において天皇方に呼応した。南北朝の争乱では、伊予の守護職となった河野氏の武将として活躍し、海賊大将と呼ばれるようになった。義弘の死後、養子の子が因島、能島、来島の三島村上氏となり、瀬戸内海の水軍社会を築いたのである。

戦国時代

# 「鉄砲伝来」は倭寇がもたらした？

## ✢船の修理代を得るのが本当の目的だった✢

戦国時代、領地を争う大名たちの明暗を分けたのは、戦術に鉄砲を組み入れるか否かであった。種子島家に伝わる『鉄砲記』によれば、天文12（1543）年旧暦8月25日、1隻の中国船が大隅国（鹿児島県）種子島の西之浦に流れ着いた。この船は肥前国（長崎県）平戸に拠点を置く倭寇の総帥・王直《おうちょく》のものであった。倭寇とは、東シナ海で活動した海賊集団のことである。王直は東シナ海から南シナ海にかけて船で動き回り、密貿易を行なっていた。当時の中国「明朝」は海禁政策をとり、貿易を政府が独占し、民間人の海外取引を禁じていた。そのため、王直たちは中国大陸を離れ、東シナ海を中心に倭寇となり活動していたのである。16世紀の倭寇は、日本人、中国人、朝鮮人が加わった多国籍の武装貿易集団になっていた。

マカオを目指して航行中の王直の船は嵐に遭い、舵が壊れて流され、黒潮に乗ってしまった。そして流れ着いた先が種子島であった。この船には、フランシスコとダ・モッダという名のふたりのポルトガル人が乗船していた。このふたりは、ポルトガルの支配地域を追われた海賊の仲間のようだった。王直は五峰という号を名乗り、儒学にも通じるインテリで頭の回転も速かった。彼は壊れた船を修理する費用を得るために、ポルトガル人の持っていた鉄砲を島の領主である種子島時尭《たねがしまときたか》に渡した。このやり取りは、種子島家家臣、西村織部との筆談だった。そして王直の指示で、ポルトガル人が鉄砲射撃を実演して見せた。その破壊力の強さは島人の度肝を抜いた。

## ✢火薬の原料に目をつけ、ひと財産を築いた✢

この鉄砲はヨーロッパ製ではなく、マレー半島のマラッカ（マレーシア）で造られたものだった。当時のマラッカは、ポルトガルの植民地であり、西洋と東洋の文化の交差する場所として栄えていた。鉄砲を手にした種子島時尭は、すぐに刀鍛冶《かじ》、八板金兵衛清定《やいたきんべえきよさだ》に命じて同じものを造らせた。金兵衛は試行錯誤の末、種子島製の鉄砲を完成させた。この時、銃身に強度を持たせる技術を教えてもらうために、西洋人に娘を嫁がせたという逸話が伝えられている。以後、「種子島」が国産鉄砲の代名詞となった。

　その後、鉄砲は種子島を訪れた和泉国（大阪府）堺の商人、橘《たちばな》屋《や》又三郎《またさぶろう》と紀伊国（和歌山県）根来寺《ねごろじ》の僧津田算長《つだかずなが》により島外に持ち出され、瞬く間に日本全土へ広がっていった。江戸時代には堺と近江国（滋賀県）の国友の鉄砲鍛冶が、幕府に鉄砲を納入する役目を負った。天正３（１５７５）年、長篠の戦いで織田信長が鉄砲を組織的に使う戦術を用いて、最強の騎馬軍団を持つ甲斐の武田氏を打ち破ったことで、戦における兵器としての鉄砲の評価が高くなった。以後、戦の様相は一変し、各大名は競って鉄砲を入手するようになった。

　五島列島と平戸に暮らした王直は、日本人の器用さを知っていた。日本人に鉄砲が渡ったからには、すぐに国内で量産すると考え、火薬の原料になる硝石を日本に持ち込み、ひと財産を築いたという。

戦国時代

# 中国人や朝鮮人が多かった倭寇

## ✢私設軍隊の色彩が強い大船団も✢

15世紀から16世紀にかけての東シナ海は「倭寇《わこう》」の支配する海であった。1553年、九州の北西岸には、「八幡大菩薩《はちまんだいぼさつ》」と書かれた幟旗をかかげる船が集結し、次々と中国大陸を目指して船出して行った。

この倭寇には、五島列島や平戸に拠点を置いた王直や徐海をはじめとした中国人海賊、朝鮮人海賊とともに熊野水軍、村上水軍、松浦党など日本の主だった水軍・海賊衆も加わり、ゲリラ的に中国、朝鮮半島の沿岸部を襲撃した。日本水軍系の倭寇は、およそ50人から300人ほどのグループで活動していたが、中国人系のグループ、とくに海賊の頭目・徐海の率いる倭寇は1万人規模の大船団であり私設軍隊の色彩が強かった。普段は別々に行動する海賊たちが共通に掲げたのが「八幡大菩薩」の幟であった。

倭寇というと日本人が中国大陸や朝鮮半島で略奪行為を働いていたものだと考えるだろうが、日本人だけの犯行は鎌倉時代から室町時代前期までで、15世紀に入ると実は日本人より中国人や朝鮮人のほうが多かった。日本人に成りすまし、自分たちの国を襲っていたのである。見方を変えると、倭寇とは国家の枠を超えた海洋民族集団だったのだ。

朝鮮の史書『世宗実録』の1446年の記事には「真倭（本当の日本人）は一割、二割にすぎず、残りは我が国の民である」と記述されており、17世紀、清朝の時代に書かれた歴史書『明史』にも後期倭寇の中心は私貿易を行なう中国人であったとされ、「真倭は、十のうち三である」とも記述されている。真倭とは本当の日本人のことだ。

当時、済州島（朝鮮）には袴姿の腰に刀を差した朝鮮人がたくさん歩いていた。これらは、偽装倭寇と呼ばれ、すべて悪事は日本人の仕業にしようとしていたのである。

## ✢ 騙し討ちで斬首された王直 ✢

明朝は海禁政策をとっていた。貿易を明の皇帝が独占するために、一種の鎖国政策を布き、一般人の海外貿易を禁じていたのである。当初の中国人倭寇は密貿易を目的とした者が多く、次第に反明朝の軍事行動を展開するようになった。朝鮮人海賊は貧困からの脱出のための盗賊行為が中心であったようだ。

「嘉靖の大倭寇」による被害を受け、倭寇に手を焼いた明国政府は海禁政策の緩和などの政策をはかり、事態の打開を画策した。倭寇たちが海外貿易を主な生業《なりわい》としていたことから、交易場の設置など譲歩案を提示したのである。そして明国の高官・胡宗憲《こそうけん》は平戸に拠点を構えた王直の懐柔をはかった。罪を許すことを条件に、王直の帰国を促した。家族を人質にとられていた王直は、胡宗憲の申し入れを受け入れて平戸をあとにして明へと帰国した。しかし、王直を待っていたのは明の軍隊であり、騙し討ちに遭って斬首されてしまった。

王直というのは呼称である。「王さんは、実直な人物」というところから呼ばれたそうである。学問の教養も深く中国人、日本人を問わず倭寇から信頼されていたようだ。指導者を失った倭寇は、かえって凶行に歯止めがきかなくなってしまった。倭寇たちは中国の沿岸部の都市を襲い、中国沿岸部にも拠点を持った。明軍は倭寇への対策として倭寇の拠点となりそうな村々を焼き、結果的に明朝は自滅の道をたどり、17世紀初頭には女真族《じょにん》（のちの清）に攻撃されて国を滅ぼすことになった。

現代社会においては、王直のように国家の枠にとらわれない人材も必要である。国境問題に対処するには、高い次元で国際的な情報を処理する人材の育成が重要だ。

戦国時代

# 瀬戸内海の支配者となった海賊・村上水軍

## ✢ 海を支配し、自由な航行を認めなかった ✢

16世紀、戦国時代の瀬戸内海は海賊たちの海だった。キリスト教の普及のために日本を訪れたポルトガル人のイエズス会宣教師ルイス・フロイス（1532〜1597）は、日本での生活を『日本史』に書き残した。また、日本での布教の詳細をしたためて本国へ送った書簡も、当時の日本を知る貴重な資料となっている。

天正14（1586）年、フロイスはイエズス会日本副管区長ガスパル・コエリョ（1530〜1590）とともに大坂に赴き、すでに関白となっていた豊臣秀吉と謁見《えっけん》し、布教の許しを得ようとした。

その後、和泉国の堺から布教の拠点がある豊後国の臼杵《うすき》まで、瀬戸内海を船で通行しようとした時の様子が『日本史』の中に書かれている。

当時、瀬戸内海には海賊・村上水軍が君臨し、海を支配して自由な航行を認めていなかった。この海域を安全に通行するためには、村上水軍の了解を得て、「過処旗」という通行許可状をもらわなければならなかった。

そもそも、村上水軍の支配海域に入ると、積み荷の1割の税に相当する「駄別銭《だべつせん》」「帆《ほ》別銭《べつせん》」を払わなければならなかった。あるいは、「警固料」という警備料を支払い航海の安全を保障してもらうこともできた。

フロイスが受けた通行許可状は、1字「上」と書かれた旗で、この旗を持っている船を襲った場合は、村上水軍を敵として戦うことになったのだ。

フロイス一行は鞆《とも》の浦（広島県福山市）から出て、能島村上の本拠地である伊予大島に立ち寄り、歓待を受けている。伊予大島の400メートルほど沖には能島という小島があり、能島村上は能島全体を城郭として利用していた。

## ✣大名となった海賊✣

村上水軍は瀬戸内海を3分割し、中国沿岸の因島村上、四国沿岸の来島村上、そして内海の中央の島々を支配した能島村上があり、それぞれ分別管理しながら連合体として活動

瀬戸内海にある能島。島全体を村上水軍の城郭として利用した　（撮影＝山田吉彦）

していた。その3家の統治した海域は、東は塩飽諸島（香川県・岡山県）から西は関門海峡までで、ほぼ瀬戸内海全域を掌握していたのである。

フロイスの『日本史』には「日本中で最高の海賊としてその座を競い合ってきたのはただふたりだけで、彼らの館は何年も前から存続し、彼らは強大な主として公認され、そのように扱われ、奉仕されてきた。そのひとりは能島殿であり、他のひとりは来島殿と称する」と書かれ、能島村上と来島村上が同族でありながら海賊王の地位を競っていた様子が伝えられている。

能島の村上武吉《たけよし》と来島の村上通総《みちふさ》は、義理の兄弟の間柄であるが、あくまでも独立にこだわった武吉と情勢を見極めて豊臣に従った通総は敵として戦うことになった。結果は歴史が証明するとおりであり、能島は毛利家の傘下にお船手組として入り、来島は大名にとりたてられた。

遠く欧州から長い船旅に耐えてきた宣教師にとっても、日本の海賊は恐ろしい存在だったようだ。

コエリョはこの翌年、秀吉が発布した伴天連追放令《ばてれんついほうれい》を知り、有馬領加津佐に潜伏し、この地で没した。フロイスは26聖人が殉教した姿を見届けたのち、長崎の地で最期を迎えた。秀吉は布教の許可どころか、キリスト教の人心の掌握《しょうあく》力を恐れて忌み嫌っていたのだ。

村上水軍も秀吉が１５８８年に発布した「海賊停止令《かいぞくていしれい》」により、海の統治者としての役割を終えた。大名となった来島村上は姓を久留島に変え、江戸時代を通じて豊後森という海から離れた山間部の領地に封じられた。いま日本人は海賊が海を統治した時代を思い起し、「日本の海」の管理を考えるべきである。そうすれば東シナ海を守ることも可能だろう。

江戸時代中期

# 江戸時代からあった日朝領土紛争 鬱陵島《ウルルンド》

## ✢領有権より貿易の安定を願った✢

江戸時代、韓国の領土となっている鬱陵島をめぐり、日本と朝鮮の間で領土問題があった。

元禄年間、徳川の治世も隆盛を極め、庶民は華やかな文化を花開かせていた。徳川将軍家も5代目綱吉の時代であり、綱吉は父である3代将軍家光の政策に続き、厳格な法治主義をとった。そんな時代に、この事件が起こった。

元禄6（1693）年、幕府から現在の鬱陵島（当時の呼称は竹島もしくは磯竹島）の漁業権を認められていた米子の網元、大谷家配下の漁師が鬱陵島に入り、無断でアワビを取っている密漁者を捕まえ、あまりにも悪質で強暴だったので米子に連行した。

この者の名は安龍福《アンヨンボク》といい、朝鮮の釜山に住んでいた下級の軍属で、ある程度、日本語を話した。当時の欝陵島は朝鮮が海禁政策をとっていたため、朝鮮人の上陸は認められていなかった。

16世紀後半、この島は日本人を装った朝鮮人倭寇（偽装倭寇）の巣窟《そうくつ》であったことから、朝鮮王朝は偽装倭寇討伐を敢行していたので、以後、島に行くことを禁止していた。

米子に連行された安龍福は、幕府から2度と密漁を行なわないように注意を受け、釜山に送還された。

朝鮮外交の窓口となっていた対馬藩は、朝鮮とのトラブルを避けるために幕府に対し、欝陵島への渡航を禁止するように求めた。

対馬藩は島の領有権よりも、朝鮮との貿易の安定を願ったようだ。なんだか、現代の日中関係における政府方針のようだ。

## ✢ 幕府は鎖国政策の徹底で領有を放棄 ✢

そして幕府は徳川綱吉の政策のもと、鎖国政策の徹底の意図もあり、対馬藩の求めにより欝陵島への渡航禁止を鳥取藩に伝達した。このことにより、幕府（日本）は欝陵島の領有を放棄したといわれる。災難だったのは、米子の漁師たちである。

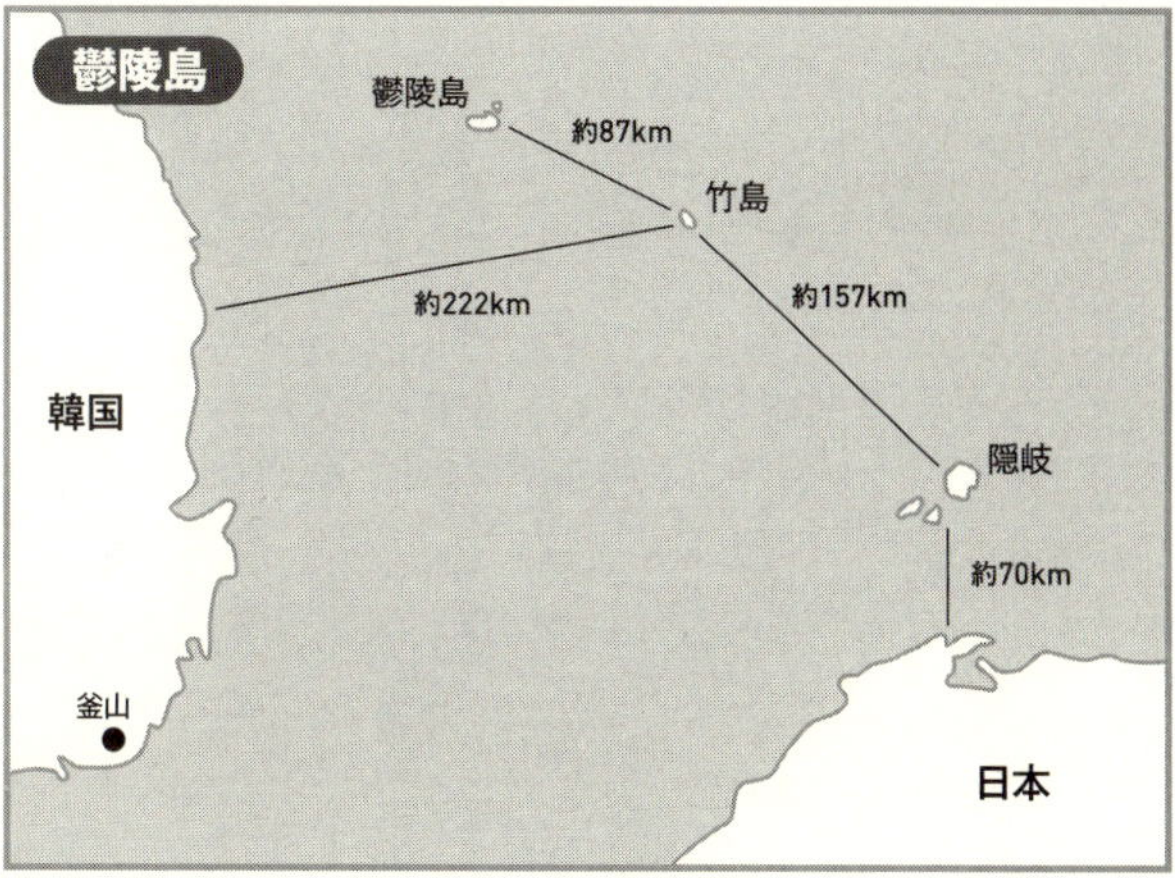


鬱陵島でのアワビ漁ができなくなってしまったのだ。朝鮮人も来ないこの島は、手付かずのよい漁場であったのに。

その後、日本の政策転換を知らない安龍福は、朝鮮の役人に成りすまして再び鳥取に来航し、鬱陵島の領有を放棄するように迫った。再び朝鮮に送り帰された安龍福は、朝鮮において流罪《るざい》となった。

安龍福の調書は矛盾だらけで、その場しのぎの嘘《うそ》が多かった。そのため、日本側では、安龍福はただの密漁漁民として扱われている。しかし朝鮮側では、当時は「漂風の愚民」として密漁者としていたのだが、いつしか鬱陵島を日本から取り返した英雄扱いになっている。現在、鬱陵島には、「安竜福将軍忠魂碑」なるものが建てられている。時代が変わり、軍の下働きをしていた漁師が将軍になってしまうというのは不思議な話である。江戸幕府により渡航を禁じられた鬱陵島は、いつしか日本海沿岸の諸藩の密貿易の基地となった。

1830年頃、石見浜田藩（松平家）が朝鮮との貿易の拠点とし、ジャワやスマトラとの密貿易品の隠し場所としていたことが発覚、同藩の国家老は切腹、藩主は永年蟄居《ちっきょ》、子による継承は認められたものの藩は陸奥国棚倉《むつのくにたなくら》に転封となった。しかし、渡航禁止の無人島を密貿易の拠点とするとは、よく考えたものである。この密輸事件を摘発したのは幕府の隠密だった間宮林蔵であり、実際に調査したのは幕臣の川路聖謨である。この事件への対応が評価され、川路の栄達の道が開かれた。およそ20年後、川路は、日露修好条約の交渉役になった。

いずれにしても江戸幕府の「事なかれ主義」が結果的に鬱陵島の領有権を手放すことにつながった。このことは、いまの竹島問題で日本政府が江戸幕府と同様の外交姿勢だと、いずれ本当に韓国のものになってしまう教訓として考える必要がありそうだ。

江戸時代後期

# 蝦夷地の夜明け——ロシアへの危機感

## 鎖国体制下で初めて海外の脅威を感じる

江戸時代、鎖国体制下の我が国が初めて外国からの侵略の脅威を感じたのは、ロシア帝国に対してであろう。そして幕府のみならず、多くの知識層が急速に蝦夷地への関心を持ち始めた。

ロシアでは17世紀後期にピョートル大帝（1672～1725）が登場し、近代的な国家の建設を目指した。そしてロシア帝国は、バルト海沿岸やカスピ海沿岸をはじめ、各地で領土獲得の野心のために軍事的な活動を進めていた。

1701年、サンクトペテルブルクにいるピョートル大帝のもとにカムチャッカ半島から日本人の漂流民が連行された。伝兵衛という名で、大坂から江戸に向かう途中に嵐に遭って漂流してしまった。このことで日本に興味を持った大帝は、1705年に日本語学校を設立し、伝兵衛を教師とした。また、極東海域への探検隊の派遣も行ない、1721年にロシアの探検家レージンが、千島列島周辺が「オストロワ・アポンスキヤ」（日本の島々）と記載された地図を作製している。

1739年にはデンマーク生まれのロシア軍人ヴィトス・ベーリング（1681～1741）の探検船団が、東北沿岸に姿を現して大騒ぎとなった。しかし、この時、ベーリングの船団は江戸幕府による沿岸警備が強化されていたため、上陸は叶わなかった。ベーリングの名は、ベーリング海峡として残っている。ロシアは、極東ロシアで暮らす人々に生活物資を供給するために、アイヌを通じて日本との交易を望んでいたようだ。

## ✢ある手紙から開拓気運が高まる✢

ロシアで罪を犯したのちに船に乗って逃亡したハンガリー人ベニュフスキーが、1771年に漂流して四国の阿波にたどり着いた。ロシアに悪意を持つベニュフスキーは長崎のオランダ商館あてに、ロシアが日本に近付くのは侵略するためだと記した手紙を渡した。この手紙が幕府の知るところとなり、江戸城内ではロシア脅威論が広がった。この事件はハンペンゴロ事件と呼ばれている。

この事件以降、ロシアの脅威に備えるために蝦夷地を開拓する機運が高まり始めた。また、蝦夷地から運ばれる俵物《たわらもの》（干しアワビや干しナマコなど）がもたらす利益に目を付けた人々もいた。1781年には、仙台藩の江戸詰め藩医である工藤平助（1734～1800）が、ロシアとの貿易に言及した『赤蝦夷風説考』を著した。彼は当時幕閣の中枢にいた田沼意次《おきつぐ》（1719～1788）を通し、蝦夷地の探検の許可を求めた。平助はロシアの脅威とともに、蝦夷での貿易のメリットも感じていたのだ。田沼の支援を得ることに成功した平助は、1785年には八百石船2隻を建造して現在の北方領土周辺の調査を開始した。しかし、翌1786年に田沼が失脚したことにより、探検計画は志半ばで頓挫したのである。

この探検には、天文・測量・航海術の知識を持つ最上徳内《もがみとくない》（1754～1836）が参加していた。徳内は択捉島からウルップ島にかけて探検し、アイヌの生活様式などをつぶさに報告している。徳内は千島列島の開発において、アイヌ民族の立場を重視したことで知られている。そしてそれらの功績により、後に農民出身ながら旗本に登用された。危機感から行動を起こすことで、新しい世界が広がる。いまの日本人にとって欠けている点かも知れない。

江戸時代後期

# 日本人の開拓精神が海の国境を守った

## ✢ロシアの脅威が直接の原因✢

日本の海洋安全保障体制を技術的に考えはじめたのは、江戸時代の林子平《はやししへい》（1738～1793）であろう。仙台藩の林子平は同藩の江戸詰め医師である工藤平助の影響を受け、ロシアの動きに着目していた。そして、沿岸防衛体制の強化を訴えるため『海国兵談《かいこくへいだん》』をまとめた。この『海国兵談』のすべてが出版されたのは1791年であるが、翌1792年には老中の松平定信（1758～1829）により出版禁止となり、蟄居《ちっきょ》を命ぜられた。子平は人心を乱す危険人物と見られたのだ。

その当時のロシアは貿易を目的とし、親日的であった。1792年、アダム・ラクスマン（1766～1806）がシベリア総督の信書を携え、漂流民の大黒屋光太夫を伴い、根室（北海道根室市）に来航した。光太夫はロシア帝国の女帝エカテリーナ2世（1729

〜1796）の許可を得て、ラクスマンに伴われ帰国を果たしたのである。

光太夫の話を聞いたエカテリーナ2世は日本に興味を持ち、通商交渉を望み、ラクスマンを派遣したようだ。根室港の入り口にある弁天島でひと冬を過ごしたラクスマン一行は、翌1793年、松平定信の指示で箱館（函館）に回航させられ、そこで光太夫らの身柄を松前藩に引き渡した。しかし、通商交渉は認められなかった。

大黒屋光太夫の報告は、桂川甫周《ほしゅう》（1751〜1809）が『漂民御覧之記』として記録し、さらに地理学や国際情勢を加味し、『北槎聞略《ほくさぶんりゃく》』として編集し後世に伝えている。

ロシアの日本接近の過程において、過激なロシア人も現れた。商人のニコライ・レザノフ（1764〜1807）である。1804年にレザノフは漂流の民津太夫らを伴い、長崎に来航して通商を求めたが、半年も待たされた挙句に拒絶された。怒ったレザノフはロシア軍人らを使い、樺太と国後島にある日本の出先機関「会所」を襲撃するという暴挙に出た。そしていっそう、ロシア脅威論が蔓延していった。この事件以後、異国人は侵略の意図を持っているという考えが一般的となり、幕末の攘夷思想が広がる原因のひとつになったようだ。

## ✣ 誤解の解消に奔走する高田屋嘉兵衛 ✣

その後、1811年にはディアーナ号により世界周航を試みていたヴァシリー・ゴロウニン（1776〜1831）が、国後島に上陸していたところを抑留される事件が起こった。ロシア側は対抗措置として、商人・高田屋嘉兵衛《かへえ》（1769〜1827）を捕えてカムチャッカに送った。高田屋嘉兵衛は司馬遼太郎の名著『菜の花の沖』の主人公であり、国後島、択捉島に渡る航路開発を手掛け、アイヌの人々と新しい蝦夷地開拓を始めた人物である。ロシアから解放された嘉兵衛は帰国後、ゴロウニンの釈放を求めて幕府に働きかけるとともに、日露間に生じた誤解を解くため奔走した。

同世代に北方海域で活躍した探検家で幕臣の近藤重蔵（1771〜1829）がいる。重蔵は幕命により北蝦夷、現在の北方四島などを探検し、1798年に択捉島に「大日本恵土呂府」という標柱を建て、同島が日本の領土であることを示した。

間宮林蔵（1775〜1844）は、北樺太を探検し、1809年には間宮海峡を越えてシベリアに渡った。日本とロシアの国境は開拓精神を持った日本人の手で築かれたのだ。それは積極的に動かなければ、国境問題は解決しないということを示唆している。

江戸時代後期

# 本当は幕府の隠密だった間宮林蔵

## ✣ 不思議なシーボルトとの関係 ✣

稚内《わっかない》の市街地から車を走らせて30分。樺太島（サハリン）を望む宗谷岬《そうやみさき》には、海を見つめる間宮林蔵の銅像が建っている。

日本の地図では、シベリアと樺太島の間に間宮海峡と書かれている。タタール海峡の最狭部の発見者とされる間宮林蔵の名にちなんで命名された。名付けたのは長崎出島にあったオランダ商館にいた医師シーボルトであり、自分の書き移した樺太島の地図にマミヤセトと示した。

シーボルトは文政６（１８２３）年に来日し、日本の動植物などの研究をするとともに、高野長英ら日本人に西洋医術を教えていた。

帰国に際して幕府天文方の高橋景保《かげやす》から贈られた「大日本沿岸輿地《よち》全図」の縮図を持ち

出そうとしたことが発覚し、関係者が処分される「シーボルト事件」が起きた。当時、日本地図の海外持ち出しは国禁であり、贈り主である高橋景保は捕えられ獄死している。

シーボルトと間宮林蔵の間は、少なからず関係があった。シーボルト事件が発覚したのは、シーボルトが間宮の持つ蝦夷地の植物の標本が欲しくて高橋景保を通して手紙を送ったことがきっかけである。そのため、間宮がシーボルト事件を告発したということになった。間宮林蔵の職業は幕府隠密であり、密告者とするのに最適であった。

当時、外国人からの私信を幕府に無断で受け取ってはいけない規則があり、間宮はシーボルトからの手紙を開封前に幕府に届け出た。

そこから高橋とシーボルトとの関係が発覚し、幕府の捜査の手が伸び、事件へと発展したようだ。

## ✢ 海外諜報活動に人生を捧げた ✢

当然、間宮はある程度の事態の展開を予測していたことだろう。しかし幕府に忠実であろうとする道を選んだ。

間宮林蔵は1780年、常陸《ひたち》の国筑波郡の農民の子として生まれた。故郷の近くの小貝

樺太島を望む宗谷岬には間宮林蔵の銅像が立つ　（撮影=山田吉彦）

川の河川改修事業の手伝いをしていたことから、幕臣である村上島之允《しまのじょう》の配下に入った。

そして1799年に村上に従い、蝦夷地の調査へと赴いた。2年後、間宮は幕府の下役人に採用され、蝦夷地の調査事業に専念した。その時、伊能忠敬《ただたか》の測量の手伝いをして、伊能の持つ幅広い知見に影響を受けたようだ。

1808年、越後出身の同僚、松田伝十郎とともに樺太島を探検し、両者が別々に行動する中で、松田は樺太が大陸から離れた島であることを発見した（次項で詳述する）。

松田が江戸に帰ったあと、間宮は海峡を渡り、大陸側を探検し、大陸側の情勢を幕府に報告している。

そして、43歳まで蝦夷地の事業に携わった。蝦夷地にいる間、択捉島紗那《しゃな》の会所に勤務し、ロシア船による襲撃も経験している。

その後、文政11（1828）年、幕府勘定奉行の遠山景晋《かげくに》の配下となり、隠密になって外国に関わる調査を担当するようになった。

石見国《いわみのくに》浜田藩が、鬱陵島（当時の呼び名は竹島）を舞台に密貿易を行なっていることを探知し、大坂奉行矢部定謙《さだのり》に報告。大坂奉行所は天保7（1836）年に、この密貿易の取り締まりを行なった。

間宮はシーボルト事件を経て、1844年に波乱にとんだ人生の幕を閉じた。彼の人生の多くは、蝦夷地の調査を含め、幕府の諜報《ちょうほう》活動のために捧げられた。

いかに現地情報を入手し、正確な分析をする能力が国家にとって重要かを、この間宮林蔵の活躍を見ればわかろう。いまの日本政府はこの点の理解が薄いと思うのだが……。

江戸時代後期

# 間宮海峡を発見した本当の人物とは？

## ✢ 松田伝十郎が「樺太は離島なり」と報告 ✢

　樺太は、ユーラシア大陸と間宮海峡（タタール海峡）によって隔てられた島である。江戸時代後期、ロシアは領土と交易域の拡張を目指し、北西太平洋を南下していた。江戸幕府としても蝦夷《えぞ》地へのロシアの脅威を払拭するとともに、領域を確保するために、現在の北海道以北の探検を積極的に行なっていた。そんな中で文化５（１８０８）年、ふたりの幕吏が樺太の探検に派遣された。ひとりは間宮海峡に名を遺す間宮林蔵（当時は蝦夷地御用雇）であり、もうひとりは間宮より上席の松前奉行調役下役元締の松田伝十郎であった。このふたりは、ともに農民の出身ながら才を見出され、武士の身分に取り上げられていた。

　宗谷を船で出て樺太に着いた間宮と松田は、二手に別れて探検を開始した。東岸を進んだ間宮は途中、岩壁に阻まれたために進行を断念して引き返し、松田との合流を目指した。

西岸を北上した松田は、樺太最西端のラッカ岬まで到達し、樺太が大陸と海を隔てた島であることを確認し、「樺太は離島なり、大日本国国境と見極めたり」と記録している。結局、間宮が松田と合流したのは、松田が海峡を見極めて帰途であった。どうしても国の涯を見たいという間宮の希望に「迷惑ながらよんどころなく」といいながらラッカ岬に引き返し、部下であった間宮にも探検の目的を果たさせている。

翌年、松田は箱館に呼び戻され、間宮は再び樺太へと赴いた。そして間宮は海峡を越え、シベリア側の探検も行なった。

## ✣シーボルトと深く関係している✣

海峡の名を「松田海峡」ではなく、「間宮海峡」として世に広めたのは、皮肉なことに間宮の告発が契機となった事件「シーボルト事件」で、日本を追放されたシーボルトである。シーボルトは、この事件で捕縛され、獄死した高橋景保を介して間宮を知った。そして、間宮の作成した地図や資料などを高く評価し、間宮の名を世界に広めたのである。その件は、シーボルトの著書『日本』に示されている。ただし、その書物には松田の名は書かれていない。

新潟の農民出身の松田は、道普請の手伝いをしているところを幕臣、大西栄八郎に認められ、大西の同僚、松田伝十郎の養子になり名を継いだ。功績を上げることを求めた松田は、幕府直轄領となっていた蝦夷地への赴任を志願し、寛政11（1799）年から文政5（1822）年に蝦夷地が松前藩に復領するまでの間、蝦夷地開拓に尽力した。とくに商取引が下手で貧困に苦しむアイヌ民族の救済に力を注いだ。

朴訥《ぼくとつ》で実務肌の松田の業績は著書『北夷談』に書かれているが、世にはあまり知られていない。そして、自己アピールが上手だった間宮の名が間宮海峡として残ったのである。

松田は幼い頃、親のように面倒をみてくれた寺の住職から「海のような男になれ」と育てられた。そして、広い心でアイヌ民族に接し、人生の多くを蝦夷地に捧げたのだ。

蝦夷地が松前藩に戻されて江戸に召喚された時に、「骨折し二十四年の粟餅《あわもち》を黄粉くるめて鷹に取らる」とうたっている。なんとも、蝦夷地に人生をかけていた松田の気持ちが伝わる。松田がもっと器用であったなら、松田海峡という地名が世界地図に載っていたことだろう。

江戸時代後期

# 200年前に実施された海軍大演習の本当の狙い

## ✢平戸藩が壱岐沖に77隻の軍船を展開✢

文化8（1812）年7月、壱岐《いき》の勝本港沖に77隻の軍船が並び、大軍事演習が行なわれた。江戸時代を通して、このような海軍演習は類を見ない。この演習を実施したのは、平戸藩である。

文化、文政年間、天下泰平も200年がたち、庶民は華やかな文化を楽しみ、戦《いくさ》など忘れてしまっていた。しかし、国際情勢はそんなのんきなものではなく、海の沖には異国船の姿がちらほら見え始めていた。文化5（1808）年8月、長崎港にイギリス軍艦フェートン号がオランダの国旗を掲げて侵入し、長崎奉行所とオランダ商館から食料や薪を略奪した事件があった。この事件の波紋は大きく、時の長崎奉行松平康英は切腹し、警護番役であった佐賀藩の藩主鍋島斉直は逼塞《ひっそく》処分となった。

長崎の事件にあたり、隣藩の平戸藩松浦《まつら》家は身を引き締める思いであったことだろう。松浦家は、戦国期まで倭寇《わこう》として恐れられた松浦党の末裔《まつえい》である。倭寇といっても海賊行為は少なく、東シナ海における貿易を目的に活動していたようだ。豊臣秀吉が天正16（1588）年に海賊停止令を出すまでは、東シナ海において絶大な勢力を誇っていた。

平戸藩では、文化3（1806）年に藩主の松浦清《まつらきよし》が46歳の若さで隠居し、家督を三男の熙《ひろむ》に譲っていた。清の号は静山といい、彼の書いた随筆集は『甲子夜話《かっしやわ》』として知られている。

この『甲子夜話』の中に、文化8（1812）年7月、平戸藩が壱岐の勝本港沖で海軍演習を行なった記載がある。朝鮮通信使の来日に合わせ、供応役の大名や幕府の役人、知識人が壱岐の隣の島である対馬に向かった。この供応団は対馬に到着の寸前、風待ちのため壱岐に停泊した。その時、供応団にこの演習を見せたようだ。

## ✢ 真の敵の正体を暴いていた ✢

この演習の総指揮官は若き藩主熙であり、その補佐役として家老長村内蔵助が陣頭指揮をとった。平戸藩が動員した77隻の軍船の内訳は、矢倉物1艘、大型小早船4艘、八丁《はっちょう》櫓の小早船2艘、赤塗伝馬船2艘、白木伝馬船4艘、赤筌鯨船4艘、鯨船60艘。参加人員は、指揮官の御城代のほか、大目付1人、御使番1人、押役1人、郡代役1人、組目付1人、使役1人、大砲術士24人、鉄砲支配士4人、長柄支配士2人、組士20人、足軽160人、小頭32人、長柄長刀の者110人、その小頭22人、長熊手16人、船頭13人、表役1人、梶取13人、加子498人。合わせると924人にもおよび、3隊に分かれ行動した。

「総勢悉《ことごと》く甲冑兵仗にて、船装は戦軍の如く出立て」と書かれているところから、本格的な軍事演習であったことがうかがえる。鎖国時代の我が国において、これだけ大規模な海軍演習が行なわれた記録を見たことがない。

兵団は夜半にホラ貝の音とともに乗船を開始し、夜明けを待った。そして、日の出とともに太鼓が打ち鳴らされると碇《いかり》を上げ、船団は一斉に演習海域へと向かった。沖に船団の準備が整うと、鉄砲が打ち放たれ演習が始まった。

まずは、敵と見立てた標的に対して5～6町（約545～654メートル）ほどの距離から大型の小早船に搭載した大筒《おおづつ》を撃ち、足軽を乗せた船が敵を挟み込むように左右に分かれて接近し、1町（約109メートル）ほどのところから鉄砲を撃ちかける。そして、長柄長刀を持った兵士を乗せた船が前線に送り出され、鉄砲隊の援護を受け、敵船の左右から船内に斬り込んだ。大筒を撃つ時には、敵に向かって船体を斜めにする。これは三田藩九鬼家に残る朝鮮出兵の時の軍船図においても同様に描かれている。敵に向かい、ジグザグ航行をしながら砲撃を加えるのである。

また、主力の戦闘船が鯨船であることに着目したい。戦国時代の海賊衆の末裔は鯨捕りを行なっていたのだ。

ではなぜ、この時期に平戸藩は幕府の面前で海軍大演習を実施したのだろうか。

それは、前述のフェートン号事件の影響が大きかった。幕府はイギリス船の蛮行に衝撃を受け、鎖国体制の強化を図るようになった。そんな情勢下で、平戸藩は幕府に実力を見せつけるべく、海軍演習を行なったのである。この演習を見た幕府の儒学の責任者である林述斎は驚嘆の声をもらしたという。

その後、ロシア船が頻繁に日本沿岸に姿を見せたこともあり、1825年、幕府は異国船打払令を発布している。尊王攘夷の幕開けである。平戸藩では幕府の命により領内数カ所に砲台を設置したが、この砲台を使って具体的な砲撃演習をした記録がない。外国船を真剣に打ち払うことはなかったようだ。海を知っている松浦党からすると、黒船は敵に回してはいけない強大な船であることを知っていたようだ。

江戸時代後期

# 「難破船」詐欺に頭を痛めた奉行所

## ✢「廻船式目」が航行ルールの基礎✢

「伊勢の神崎　国崎の鎧《よろい》　波切　大王なけりゃよい」

三重県鳥羽市の鎧崎にある海上安全の碑に書かれた一文である。これは、江戸時代の船乗りたちが熊野灘《くまのなだ》を越える時に歌った一節を碑文にしたものだ。熊野灘は荒れることも多く、また、岩礁や暗礁が点在し、紀伊半島の東側の付け根にある神崎、鎧崎、大王崎のあたりはとくに航行の難所として恐れられていた。レーダーも海図もない時代には、岸が見える範囲を航行する沿岸航法であり、常に船は座礁の危険を冒していた。

日本において船の航行方法や積荷に関するルールがつくられたのは、鎌倉時代である。貞応2（1223）年に摂津兵庫、土佐浦戸、薩摩坊津の3人の船主らが作成したものを執権の北条氏が認めたものだという。「廻船式目《かいせんしきもく》」と呼ばれていた。廻船式目は、別名、廻船大目、船法度《はっと》などとも呼ばれていた。法律というよりは、海運業者間の協定のようなものであったようだ。その後、室町時代に作られた廻船式目をもとに、豊臣秀吉は海路諸法度を制定した。天下統一の中で、海のルールも統一したのだ。

この海路諸法度の中には、「難破船が漂着し、生存者がいない場合は、その漂着物は漂着地の神社仏閣の造営費に充ててよいこと、所有者から返還要求があった場合は返さなければならない」というようなことが定められていた。

しかし、地方の浦々に暮らす人々は漂着物は「寄せもの」といい、寄せものは天の恵みとして、着服してしまうことが多かった。中には、生き残った水夫を殺して海に捨ててしまうこともあったという。

## ✢積み荷を売って儲けた見返りを要求したのは誰？✢

志摩半島の先端、波切《なきり》の集落に大王崎がある。江戸時代、この大王崎では海が荒れた夜にかがり火を焚《た》いて、ここが港だと合図をして、沖行く船をおびき寄せて座礁させていた。村人が松明《たいまつ》をかかげ、嵐の中、海岸線を走り回っていたそうだ。積み荷を奪うのが目的だったという。よく、上方から江戸に向けて米を輸送する船が、この海域で時折難破した。時として、船乗りがグルになって船を難破させて、積み荷の米を売ってしまうこともあった。現代の保険金詐欺のようなものだ。

天保元（1830）年、江戸に年貢米を送る船の水夫たちが、途中の港で米を売ってしまい、航行の難所である大王崎沖で船が沈んだことにして逃げてしまった。ところが、船は沈没せずに座礁して残った。

座礁船を見つけた波切の村人たちは、いつものように残っていた米を全部盗んでしまった。積み荷は年貢米であり、やがて役人の知るところとなった。この役人は、村人の上を行く悪党だった。村人に罪を見逃す代わりに金品を要求した。その要求は段々とエスカレートし、村人はたまりかねてその役人を殺してしまった。

しかし、役人が行方不明になり、不審に思った奉行所がさらに捜査を進め、村人の犯行を突き止めた。結局、村人の多くが捕まり、500人が事情聴取を受け、200人が鳥羽まで連行され、そのうち40人が江戸送りとなり、詮議を受けて死罪6人、獄門3人など厳しい処分が下された。これが「波切騒動」として語り継がれている。

わざと難破させて積荷を奪う話は、静岡県の伊豆下田や山口県の角崎などいくつかの地域でも語り継がれている。

江戸時代後期

# 日露交渉中に襲った津波が信頼関係を生んだ

## ✚難儀した下田での開国条約交渉✚

江戸時代後期、伊豆半島の下田は日本の転換期の表舞台となった。1853年、アメリカ東インド艦隊のペリー提督が浦賀沖に現れ、武力をちらつかせながら開国を迫った。紛糾の末、江戸幕府は翌年、ペリー提督の要求をのむことにしたのは周知のとおりである。徳川3代将軍家光の時代から続いていた「鎖国」の終焉である。1854年、幕府は勅許を待たずに日米和親条約を結び、長崎のほか、箱館、下田の港を開港した。そして、この条約の細部に関する交渉が行なわれたのが下田である。米国に続いて、この地においてロシアとの間で開国に関する条約交渉が始まった。

この日露修好条約締結に向けた交渉で、中心的な役割を果たしたのは幕臣の川路《かわじ》聖謨《としあきら》たちである。この条約により、日本とロシアとの間で初めて国境線が定められた。その時の国境線はウルップ島と択捉島の間であった。そして、樺太は日露両国民が共存する雑居地となった。ロシアの代表プチャーチンは、強大な軍事力を背景に時折恫喝《どうかつ》を加え、条約交渉を進めた。対する川路聖謨は独断専行をさけ、江戸にいる老中に確認を取りながらの慎重な交渉であった。交渉の場である伊豆下田と江戸城との間の調整は、当時の通信手段、交通手段を考えると至難の業であったことだろう。

1854年12月、日露交渉の真っただ中で安政の東海地震は発生した。この地震はマグニチュード8・4と推定され、翌日、連鎖して南海地震が発生し、関東地方から近畿地方、四国、九州にまで多大な被害を与えた。交渉が行なわれていた下田も激しく揺れ、4メートルを超える津波が町を襲った。下田奉行所管内で倒壊・流失した家屋は約840軒、死者122人を出す大惨事となったことが記録されている。

## ✢ 誠意をもって双方が対応した ✢

この地震の影響により、プチャーチンらが乗船していたディアナ号も死者1人、負傷者4人を出す被害を受け、また、船体が破損して沈没寸前の状況であった。それでも、ロシア船の乗組員は海に流された地元の漁師の救助を行なっている。また、けが人の治療に手を尽くしていた。

交渉を担当した川路は、破損したディアナ号の修理を幕閣に交渉した。当時は鎖国政策のため、外国船を指定外の港に着岸させることは許されず、また、船を修理することができる港湾施設も造船技術もなかった。そんな中で、伊豆半島を調査した結果、西岸の戸田《へだ》を修繕地に選び、ロシア人指導の下、修復作業にあたることになった。しかし、ディアナ号は戸田への回航中に嵐に遭って沈没してしまった。川路はロシア人が帰国する時のために、代替船の建造を手配した。川路もプチャーチンも交渉相手に誠意をもって相対していた。その心が信頼関係を生み、日露修好条約の締結へと導いたのだ。

国難の時代であっても外交交渉は滞らせずに進み、1855年2月7日、日露修好条約が締結された。この条約では、択捉島とウルップ島の間に国境線を引き、樺太については日本とロシア両国民がともに暮らす雑居地となった。そして米国船と同様にロシア船の補給のため、箱館、下田、長崎の開港を決めた。そのほか、領事の駐在、領事裁判権の承認が行なわれた。この条約は不平等条約であるが、武力的には太刀打ちもできず、国際経験をまったく持たない日本の官僚にとっては、最大限可能な交渉成果であった。外交は川路のように信念を持って交渉に臨み、誠意を持って交渉にあたることが重要である。

江戸時代後期

# 幕府軍艦「咸臨丸」で活躍した塩飽諸島の人々

## ✢安土桃山から江戸時代まで自治権が認められた✢

幕府軍艦「咸臨丸」は、1860年、艦長勝海舟指揮の下、日米修好通商条約批准《ひじゅん》の遣米使節の護衛艦として太平洋を横断した。

咸臨丸は開国直後の1857年に江戸幕府が海軍創設のため、オランダから購入した木造の帆装蒸気船で、長さ47メートル、約300総トンの大きさである。

太平洋横断にかけた43日間は、乗員にとって試練の連続であった。太平洋の大海原は時折りうねりがあり、艦長の勝海舟も船酔いがひどく、指揮官としての役割は米国海軍からアドバイザーとして乗ったジョン・ブルック大尉が果たしていた。

この航海を支えた乗組員の多くは、瀬戸内海の塩飽《しわく》諸島の出身者だった。日本人乗組員のうち半数以上の35人だ。「塩飽の民は大名に非ず、小名に非ず、人名である」。塩飽諸島は、安土桃山時代後期から江戸時代を通して自治権が認められていた。この自治に参加する人々を「人名」と呼んだ。約1250石ほどの石高のある領地を650人の人名が、合議制による地域社会を作っていたのである。

塩飽諸島は、瀬戸内海の中央部にある海上交通の要衝の地。現在の香川県および岡山県に属し、瀬戸大橋の下に点在している。中世、海賊集団が拠点とし、戦国時代には瀬戸内海を支配した村上水軍の傘下に入った。

この塩飽諸島に目を付けたのは、豊臣秀吉である。豊臣秀吉は、毛利の配下にある村上水軍の能島と因島の海賊衆に対抗するために、村上水軍から来島氏を自営に引き込むとともに、塩飽諸島を拠点に直轄の水軍を組織した。塩飽の人々は秀吉の水軍の要員となることを条件に、諸島の自治を認められたのである。秀吉の朝鮮出兵の際も小西行長《ゆきなが》の傘下に入り、輸送船団の船員として働いた。

徳川家康も秀吉の策を踏襲し、塩飽諸島の自治を認め、島民を幕府水軍の船員に組み入れた。常勤雇用ではなく、幕府が水軍力を必要とした時に馳せ参ずることが条件であった。

しかし幕末まで、塩飽の人々が幕府に集団で出仕することはなかった。通常、彼らは島の農地を耕やしながら、瀬戸内海の魚を獲る半農半漁の生活を送り、一部の人々は北前船など内航船の水主となっていた。

## ✢ いずれの大名の傘下にも入らず ✢

1853年、米国太平洋艦隊のペリー提督が浦賀（神奈川県）に来航し、日本は開国を余儀なくされた。圧倒的な軍事力を見せつけられた幕府は、海軍の創設を急務と考えた。幕府海軍の人員確保のため、塩飽の人々が徴用され、幕府海軍に入隊したのである。その後、幕府の海軍伝習所を経て、咸臨丸の船員となった。

塩飽の人名による自治制度は、江戸幕府の崩壊とともに消える。明治維新期、塩飽諸島内では人名と非人名の身分差別が問題となり流血の事態となったが、坂本龍馬の思想の流れをくむ土佐藩の下級武士たちが介入し、鎮静化させている。

塩飽諸島に残る人名の墓は、大きな一枚石でできている。それはいずれの大名の傘下にも入らない人名としてのプライドのあらわれだったようだ。誇りを持たなければ、自治を維持することは不可能だ。さらに、いうならば主権を行使するためには誇りを持つとともに、自主防衛の力を付けることだ。それが、いまの日本に必要なことなのかも知れない。

江戸時代後期

# 幕末に起きたロシアによる対馬占領計画

✣ロシア軍艦ポサドニック号の乗員が上陸して蛮行におよぶ✣

幕末、対馬の一部がロシア軍艦に占領されてしまった。

文久元（1861）年2月、対馬の中部にある浅茅湾《あそう》にロシア軍艦ポサドニック号（艦長ビリリョフ海軍中尉）が来航し、湾内に碇を下ろした。江戸幕府はロシアとの間に1854年に結ばれた日露和親条約により、ロシア船の補給のため、箱館（函館）、下田（1860年に閉港）、長崎の開港を認めており、さらに1858年に結ばれた日露修好通商条約により1860年からは新潟と神奈川も開港していた。ポサドニック号は警戒にあたっていた対馬藩に対し、航海中に船が破損したので修繕のために停泊したいと要望した。対馬藩では議論の末、本来は条約による開港地へ向かうことを要求すべきであったが、故障ではやむなしとして、一時的な停泊を認めた。さらにビリリョフ艦長は、360人の乗組員のために食料の牛や鶏、野菜、卵などと船を修繕するための人夫と木材などの資材を要求してきた。対馬藩は野菜の提供はなんとかできるが、牛や鶏など家畜の提供はできないと一部申し入れを拒絶した。すると、ロシア艦は納得せずに勝手に上陸し、樹木を伐採して船に運び込んだ。そのうえ、軍人を上陸させ、対馬西岸の芋崎《いもさき》を占拠し、宿舎を建てて住み始めてしまったのだ。さらに、芋崎の租借《そしゃく》を要求した。

## ✢ イギリス軍の力を借りてようやく退去させる ✢

ロシア軍人の行動はエスカレートし、村を襲って食物を略奪するなどの蛮行におよんだ。桜田門外の変の翌年であり、対馬藩内にも尊王攘夷《そんのうじょうい》を唱え、ロシア船に対して敵愾心《てきがいしん》を燃やす藩士も数多くいた。そんな中、ロシア兵士が略奪を制止した番所の役人を射殺する事件が起き、藩内では戦支度をする者まで出始めた。対応に苦慮した対馬藩は、幕府にポサドニック号の退去交渉を求めた。5月になり、幕府から外国奉行小栗忠順《ただまさ》が幕府軍艦咸臨丸《かんりんまる》に乗って来島し、交渉に当たったが不調に終わり、成果なくして江戸に帰っている。この事件において、小栗は対馬の幕府直轄地化を提案、ロシアとの正式な外交交渉を求めたが、幕府からは受け入れられずに外国奉行を辞任することとなった。

7月に入り、ロシアの極東進出に危機感を持ったイギリス公使オールコックが幕府に協力を申し出て、東インド艦隊の旗艦エンカンラールと僚船1隻を対馬に派遣し、艦隊司令官ホープ提督がロシア艦の退去を要求した。ホープ提督は艦砲の照準をポサドニック号に合わせて威圧、その結果、8月に入りようやく碇を揚げて立ち去った。

ロシアの目的は、東アジアへ進出するイギリス、アメリカに対抗するために、東シナ海と日本海を結ぶ中間に位置する対馬に軍事拠点を置くことだったようだ。対馬では、この事件を「露寇《ろこう》」と呼び、ロシア人によって島が奪われそうになったことをいまも伝承している。

日露戦争の日本海海戦においては、この浅茅湾に、水雷艇が待機してバルチック艦隊を迎撃するのに活躍した。極東アジアの安全保障においては、対馬の位置はきわめて重要なのである。その意味合いはいまも変わらない。そのことを理解すると同時に、国を守るためには「防衛力」が必要だという点を忘れてはならない。

対馬の浅茅湾　（撮影＝山田吉彦）

江戸時代後期

# ジョン万次郎の話から「アホウドリ」は絶滅危機に

## ✣ 100万羽のアホウドリが撲殺された ✣

「アホウドリ」は、両翼を広げると2メートルにもなる大型の渡り鳥だ。夏はアリューシャン列島あたりにいて、冬に日本列島あたりまで南下してくる。アホウドリとは何ともかわいそうな名前だ。バカドリとも呼ばれた。この不名誉な名は、人間が近づいても逃げず、飛び立つにも大きな体を浮き上がらせるために長い助走が必要で、撲殺《ぼくさつ》するのが簡単だったことに由来している。

現在は、環境省によって「絶滅危惧種《きぐしゅ》」に指定されるほど個体数が減少しているが、明治時代には、南方の離島において数えきれないほど繁殖していた。明治末期、日本ではアホウドリの羽毛採取がひとつの産業となった。この時期、実に全国で600万羽以上のアホウドリが撲殺されたという。とくに伊豆七島の沖にある鳥島（東京都）には100万羽以上のアホウドリが営巣していたが、10年ほどで絶滅に近い状態になった。

この100万羽にのぼるアホウドリの撲殺を命じたのは玉置半右衛門といい、大東諸島（沖縄県）の開拓で名を知られた人物だ。

玉置半右衛門は八丈島に生まれ、幼い頃から農業の手伝いをしながら大工の見習いをしていた。まだ十代の時、江戸に出たが商売に失敗し、20歳の頃、開港で賑わう横浜に行き、外国人居留地で大工仕事をして生計をたてた。半右衛門は、1862年、江戸幕府が小笠原諸島開拓の参加者を募集していることを知り、その開拓団に大工として参加した。この小笠原へ向かう船上で、半右衛門は中浜万次郎（ジョン万次郎）と出会い、万次郎がかつて遭難した時に漂着した鳥島に関する情報を得たようだ。

その後、半右衛門はかつてジョン万次郎から聞いた鳥島に興味を持ち、鳥島の開拓を目指した。

最初の鳥島探検は悲惨で、迎えの船が来ず、40日間ほど島に置き去りにされてしまった。しかし、この間に島をすみからすみまで調べ、水場の確保もしている。そして、1888年、東京府から島を無償で借り上げ、念願の島の開拓に着手する。ただし、島の開拓といってもアホウドリを撲殺し、羽毛を獲ることが彼の仕事だった。半右衛門は、横浜で大工をしていた時に欧米人の使っている羽毛布団の価値に目をつけていたのだ。そして、200

人ほどの労働者を雇い、手当たり次第にアホウドリを撲殺し、鳥島のアホウドリを絶滅の危機にまで追い込んでしまった。

## 祟りか、125人の労働者が溶岩の下敷きに

アホウドリは、洋上で死んだ船乗りの生まれ代わりだといわれる。アホウドリの祟《たた》りか鳥島は1902年に噴火し、半右衛門は島を離れていたが、雇っていた125人、全員が溶岩の下敷きになってしまった。こうして、鳥島での事業は終息する。

アホウドリは近年、再び日本の沿岸にも姿を現すようになった。鳥島や尖閣諸島では、合わせて1000羽近くが生息している。しかし、半右衛門が撲殺させた数の0・1%にしか過ぎない。そのため小笠原諸島聟島《むこじま》ではアホウドリの繁殖活動をしている。

半右衛門は大東諸島の開拓にも着手し、1899年、南海に浮かぶ無人島の開拓許可を受け、八丈島などで募集した20数人の開拓者を南大東島に送り込んだ。

一行は、荒れる海と断崖絶壁に阻まれて上陸に困難を要したが、ビロウの生い茂るジャングルを開墾し、芋や麦などの作物を植え、この地に適するものを探した。試行錯誤の結果、サトウキビが土壌や気候に合うことを発見し、1902年に製糖機械を持ち込み、砂

糖の生産を始めた。この砂糖の生産が軌道に乗り、島の人口は当時2000人を超えるほどにまで膨らんだ。現在でも、多くの島の住民が精糖業に従事しており、島の生活を支えている。

江戸時代後期

# 「五稜郭」は北海道共和国構想の象徴

## ✢幕府抵抗の最後の拠点✢

北海道函館市には、上空から見ると星形をした城塞「五稜郭《ごりょうかく》」がある。

徳川家康が江戸に幕府を開いてから250年ほどたった1854年、江戸幕府は米国東太平洋艦隊のペリー提督の圧力を受け、日米和親条約を結んだ。この条約により、幕府により推進され、長く続いた鎖国体制は終焉《しゅうえん》を迎えた。米国に対して貿易上最恵国待遇を認めるとともに、下田、箱館（函館）の港への入港を認めたのである。そして箱館は国際港となった。翌年には日露和親条約が結ばれ、ロシア船に対しても入港許可が与えられた。1858年に幕府が朝廷の勅許を待たずに結んだ「安政の仮条約」では、箱館、神奈川、長崎、新潟、兵庫の各港が米国、ロシア、オランダ、英国、フランスの船に対して開港されることになった。

幕府は1857年、米国船の入港により国際港となった箱館の守りを固めるために洋風城塞の建築を開始し、1864年に完成させた。この城塞は亀田御役所土塁《かめだおんやくしょどるい》と呼ばれて砲台などが築かれ、堀の内側には箱館奉行所が設置された。現在は国の特別史跡となっている。通称・五稜郭である。この五稜郭の名が知られるようになったのは、幕藩体制の終焉《しゅうえん》をつげる戊辰戦争の最終局面、箱館戦争の舞台となったからである。

慶応4（1868）年4月、徳川方の勝海舟と新政府方の西郷隆盛の間で話し合われ、江戸城が無血開城され、徳川家による江戸幕府は名実ともに終焉の時を迎えた。その時、徳川海軍を預かっていた海軍副総裁榎本武揚《たけあき》は、勝海舟の指示により新政府軍に恭順の意を表し、船団を引き渡す様子を見せていた。

## ✢ 榎本軍の旗艦はいまも江差に沈んだまま ✢

しかし、同年8月、仙台藩をはじめとした奥羽越列藩同盟《おううえつれっぱんどうめい》が支援を求めてきたため、開陽丸を旗艦として8隻の軍艦とともに支援のため出奔し、東北へと向かった。だが、時すでに遅く、形勢は新政府に傾いていたため、さらに北に向かった。

時を同じくして元幕臣の大鳥圭介《おおとりけいすけ》、新撰組副長の土方歳三《ひじかたとしぞう》らも北海道へと向かい、10

月には箱館奉行所のある五稜郭を占拠した。そして榎本などが合流して、新政府軍に対する抵抗拠点とした。榎本は五稜郭を拠点に、薩長を中心とした政府に徹底抗戦の姿勢を見せ、松前、江差《えさし》を攻略した。彼は生活に困窮する旧幕臣、佐幕藩の武士を北海道の地に集め、開拓統治によって独立共和国の設立を構想していた。

しかし、政府軍は米国から購入した最新鋭の軍艦を導入して榎本軍を圧倒、武を頼んだ土方歳三も戦死した。抗戦派の土方が死に、榎本らは新政府軍に降伏して生き残る道を模索した。そのため、土方の死は「うしろから鉄砲を撃たれた」という説もある。翌年5月、榎本は黒田清隆《きよたか》の勧めに応じ、五稜郭を引き渡し投降、この戦いを最後に戊辰戦争は終結した。

榎本の旗艦であった開陽丸は、江差の沿岸で荒天のため沈没し、現在も海底に沈んでいる。船内に残っていたものは、引き上げが進み、同地にある開陽丸記念館に展示されている。開陽丸に展示されているものは、明治維新期の船上生活を伝えるとともに、榎本の目指した北海道共和国構想を知るうえでも貴重な資料となっている。五稜郭の戦いを契機に北海道開拓が進んだ。黒田と榎本は敵対したことを忘れ、ともに北海道という新天地を切り開いた。

江戸時代後期

# 坂本龍馬は詐欺師？　「いろは丸」海難事故の真相

### ✢いろは丸と明光丸の衝突事件✢

坂本龍馬は、日本を代表する幕末の英雄である。しかし、海を知る多くの人は、坂本龍馬の行動に疑問を抱いている。その代表例として挙げられるのは、「いろは丸」海難事件である。慶応3（1867）年4月22日午後11時頃、事件は起こった。

長崎港を出港し、大阪へ向かっていた「いろは丸」160トンと、和歌山から長崎へ向かっていた「明光丸」887トンが、瀬戸内海の笠岡諸島周辺海域で衝突した。衝突後、明光丸が後退し、いったん離れたのち操作ミスで再度衝突したため、いろは丸の損傷が大きくなった。明光丸は、いろは丸の乗員を救助のうえ、沈みかけたいろは丸を鞆《とも》の浦に曳《えい》航《こう》しようとしていたが、その途中でいろは丸は沈没した。このいろは丸に関する資料は、広島県福山市の鞆の浦にある「いろは丸展示館」で見ることができる。

いろは丸は、英国で造られた3本マストを持つ汽船である。坂本龍馬率いる海援隊が、伊予大洲《おおず》藩から1航海15日間を500両で借り上げていた。この大洲藩士国島六左衛門が、龍馬たちの仲介によりオランダから買い入れたとされるものであるが、その後、国島は藩の許可なくこの船を買い入れたことが発覚し、責任をとり切腹している。

しかも本当の買い入れ先は、当時国交のないポルトガルからであったという、いわく付きの船である。この船をいろは丸と名付けたのは龍馬だ。龍馬は、いろは丸が事故にあった時、ミニエー銃400丁をはじめとする武器類3万5630両分と約4万8000両の金塊を運搬していたと主張した。

対する明光丸は、紀州和歌山藩徳川家55万石が持つ英国製の汽船である。

## ✢ 賠償金を巻き上げた龍馬 ✢

この事件では海援隊側は、一方的に明光丸側に責任があると追及し、7万両の賠償金を得ている。龍馬は万国公法に基づいて和歌山藩の非を責めたてたが、その根拠は定かではない。

両船ともに航海技術が未熟であったことは否めない。しかも航行ルールも確立していない時代だ。当時国内では、鎌倉時代に原型ができた廻船式目《かいせんしきもく》（船法度《はっと》）の考えが生きていた。この法度では風上、潮上の船が風下、潮下の船から1人でも助ければ、罪は問わないことになっていた。この衝突事件は明光丸の見張り不足、操船ミスが主因として考えられるが、いろは丸も無灯火であり、現代の海難審判に当てはめると両船の船長はともに処分の対象となるだろう。両方に事故の責任があるようだ。しかし、龍馬は大藩に対する批判精神がある世論を巧みに誘導し、和歌山藩を追い込んで賠償金を獲得した。

近年の調査によると、鞆の浦沖に沈んでいるいろは丸には、ミニエー銃も金塊も搭載されていた痕跡がない。龍馬が和歌山藩の無知に付け込み、巨額の被害をでっち上げ、賠償金を巻き上げたということになる。これは現代でいえば、詐欺《さぎ》事件である。しかし、当時は幕末動乱の時期であり、雄藩と幕府の対立が激しく、一連の戦略の中での出来事であったと考えるべきだろう。ペテンもキテン（気転）といえる時代だったのだ。

海軍伝習所で教育を受けたといえども、海援隊や坂本龍馬が操船に関わっていた船にトラブルが少なくない。

龍馬が海のことをどれだけ知っていたかは疑問である。しかし、坂本龍馬が新しい時代を切り開いた人物のひとりであることは確かだ。日本政府は領域確保のため、龍馬のようなしたたかさを持ち、中国・ロシアなどの大国に対する必要がある。

明治時代

# 隠岐に自治政府が樹立した経緯

## ✢松江藩に対する不満が爆発✢

明治維新の直前、隠岐《おき》諸島は幕藩体制から離れて自治政府を持った。隠岐は、日本でも稀《まれ》な自治政府を持ったことがある地域だ。これは「隠岐騒動」と呼ばれ、幕末、島の人々が天領であった島を管理していた出雲松江《いづもまつえ》藩の代官を追放した。

そして、島後《どうご》島の西郷にあった陣屋跡に議会にあたる会議所と行政府にあたる総会所を設け、また司法を行なう目付役を置いていた。島民の意思で島を統治したのである。この自治組織は、近年「隠岐コミューン」と呼ばれている。

隠岐は島根県の沖およそ60キロメートルに浮かぶ諸島で、大小およそ180の島々からなる。

人が住んでいるのは4島だけで、島前《とうぜん》と島後《とうご》という2つの地域に分かれている。島前は

隠岐は大小約180の島々からなる　（撮影=山田吉彦）

知夫里島《ちぶり》（知夫村）、中ノ島《なかのしま》（海士町《あま》）、西ノ島（西ノ島町）の3島からなり、島後は島後島（隠岐の島町）1島である。

古くは「島流し」の島として知られ、平安時代には小野篁《おののたかむら》が遣唐使となるのを拒絶して配流された。また、後鳥羽上皇、後醍醐天皇が流されたことで天皇家との縁があり、幕末には勤王思想を持つ島の人も多かった。

ことの発端は、1867年。時勢の影響を受けて勤王思想を持った島の人々は、島後出身の学者、中沼了三《りょうぞう》の指導を受けた十津川《とつかわ》の郷士たちが文武館という教育機関を設立したことにならい、隠岐にも文武館と同様のものを設立しようとした。

しかし、松江藩の郡代はそれを許さな

かったため、普段から不平がたまっていた島の人々が反乱の意思が強くなっていった。

そして、1868年2月に江戸幕府の支配からはずれ天皇御料となったのをきっかけに、同年3月、松江藩の役人を排除するために、島人は手に竹やりや鎌、鳶口《とびくち》などを持ち、郡代のいる陣屋を襲撃した。

庄屋や神官たちに導かれて集まった島人は、およそ3000人に膨れ上がっていた。多勢の島人に恐れをなした代官所の役人は、屈服状を残して島から立ち退いた。そして島人は前述の体制を作り、自治を始めたのだ。とはいえ、反政府ではない。あくまでも松江藩による統治を否定していただけだった。

## ✛ 双方が処罰されて解決へ ✛

島人の気持ちは残念ながら新政府には通じず、太政官から隠岐平定の指示が出て、銃を持った松江藩士が乗り込み、島を鎮圧し、自治政府の機能を停止させた。単なる一揆と同じ扱いにされてしまったのだ。

それでも、わずか81日間だったが自治政府が存在したのである。

この期間、島の人々の意思で動くことができた。しかし、その代償は大きく、新政府の指示を受けた松江藩士による奪還作戦で20人を超える島人が死に、20人近くが捕縛《ほばく》された。

新政府への反乱の意図はなかったようだが、島という特殊事情が自治政府の設立まで事態を進展させたようだ。

時代は戊辰《ぼしん》戦争の最中で、新政府の威光はまだ島まで届いていなかった。島はご維新の世の中の先端を行きながら、新体制に置き去りにされてしまったと考えられる。

その後、薩摩藩、長州藩、鳥取藩が介入して一時期、自治機能が回復したが、明治の時代になり、新政府の機構に編入されていった。

そして自治政府の首謀者と松江藩の責任者も罰を受けることとなり、隠岐騒動は解決した。

この騒動は、国家が地方の声を聞くことの重要性を示している。島の人々は、日本の国境を守っているのである。そのことを現代の政府は忘れてはいけない。

明治時代

# バルチック艦隊を撃破した村上水軍の戦法

## ✣東郷平八郎提督が愛した書物✣

広島県呉市にある海上保安大学校には、旧日本帝国海軍が保有していた書籍『旧海軍大学校図書』が収蔵されている。その中に東郷文庫と呼ばれる、東郷平八郎提督が保有していたものが含まれている。

東郷提督は日露戦争の時、連合艦隊司令長官を務め、日本海海戦においてロシアのバルチック艦隊と戦い、圧倒的な勝利を収めたことで知られている。これらの図書の中に戦国時代に瀬戸内海を統治した村上水軍の兵法書がある。日本海海戦の時、東郷提督、そして東郷提督のもと海戦の作戦を立案した秋山真之《さねゆき》参謀が、ともに水軍兵法に精通していたことが知られている。秋山真之参謀は、とくに村上水軍の中核であった能島《のじま》村上の残した海賊兵法を参考にしていたようだ。

1905年5月27日早朝、対馬沖にロシアのバルチック艦隊が姿を現した。行き先は、ロシアの極東の拠点ウラジオストックである。欧州からの長距離航海で疲弊した艦隊を立て直し、日本を一斉に攻略するためである。

ロシア艦隊を発見した日本の連合艦隊は、「本日天気晴朗ナレドモ浪高シ」と大本営に報告して出撃した。連合艦隊はロシア艦隊を横切り、すれ違い様に方向を転進したのち、突如、再び転進してロシア艦隊の行く手をふさいだ。世にいう「東郷ターン」からの「丁字戦法」である。この丁字戦法こそが、村上水軍の戦術なのである。

縦に並んだロシア艦隊は、前方の船が邪魔になり、後方の船は思うように砲撃ができない。対する連合艦隊は、先頭を進む敵船に照準を合わせ一斉に砲撃する。古代から海戦では、敵船が側方を向けた時に矢を射る能力が最大限に発揮されるのであり、これは現代の軍艦による艦砲射撃になっても変わっていない。

## ✢敵の気勢を削ぐことが戦法の大原則✢

気勢を削《そ》がれた敵艦隊は統一した動きがとれず、連合艦隊の餌食《えじき》となった。敵のやる気を削ぐことは、海軍兵法の大原則である。また水軍兵法では、「散舟其の志を一にすべし」という。これは旗艦三笠に掲げられたZ旗が意味する、「皇国ノ興廃、コノ一戦ニ在リ。各員一層奮励努力セヨ」に通ずるものがある。東郷も秋山も水軍の兵法を忠実に守ったのである。連合艦隊はロジェストヴェンスキー司令長官の乗る旗艦クニャージ・スワロフに徹底的な攻撃を与え、撃沈したのをはじめ、敵艦隊に多大な損害を与えた。38隻の艦隊のうち、目的地のウラジオストックに到達したのは、わずか4隻のみだった。

水軍の兵法の原型は、建武の新政から南北朝時代にかけて瀬戸内海で活躍した村上義弘《よしひろ》が起こした「海賊流」に端を発する。義弘は海賊大将と呼ばれ、瀬戸内海一帯に勢力を持った。その子孫が因島《いんのしま》村上、能島村上、来島《くるしま》村上の3つの家に分かれ、連合体を組んだのが村上水軍で、三島《さんとう》村上と呼ばれる。この時代の水軍兵法が「三島流」であり、その中で最も勢力を持った能島村上は、さらに「野島（能島）流」にその戦術を進化させた。水軍兵法の基本形には、潮が穏やかな時に使う「鶴翼之備」、順風順調の時に攻撃を行なう時に用いる「魚鱗之備」、敵船が多い時や向かい風や向かい潮の時に用いる「三段之備」などがあり、潮汐や風などの海の条件によって戦術が使い分けられていた。

丁字戦法はミサイル搭載艦が主流になるまで、世界の海戦で実際に使われていた。海を知りつくした故人の知識に学ぶことは、現代においても海を守ることにつながる。

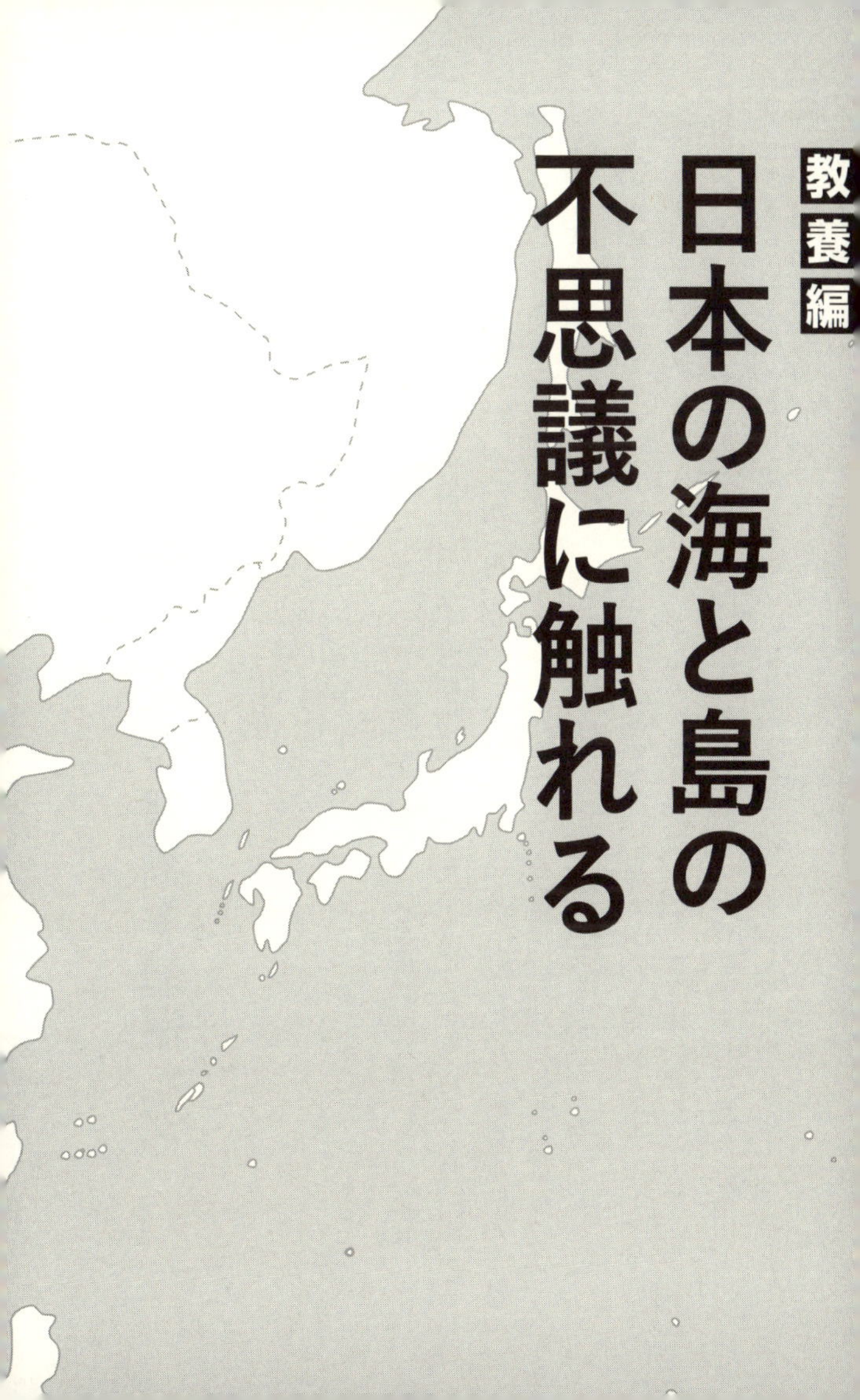

教養編

# 日本の海と島の不思議に触れる

熊野三山

# 海の向こうにある極楽浄土を目指す僧侶たち

## ✣小舟で大海に繰り出す✣

海の向こうに極楽浄土がある。そう信じた僧侶たちは、飢えや貧困に苦しむ民衆を救うため、観音菩薩のいる地を目指し、小さな船に乗って荒れた海に旅立った。熊野三山（本宮《ほんぐう》、新宮《しんぐう》、那智大社《なちたいしゃ》）は古くから霊山として信仰されている。とくに平安時代後期から鎌倉時代にかけて朝廷の信仰も厚く栄えた。この熊野三山の警護役として熊野水軍が成立していた。

この熊野三山のひとつ、那智大社の傘下に補陀洛山寺《ふだらくさんじ》（和歌山県那智勝浦町）がある。補陀洛とは観音菩薩が暮らすところ、あるいは降り立つ山という意味だ。サンスクリット語で観音浄土という意味の「ポータラカ」に起源がある。チベットのラマ教の総本山といえるポタラ宮殿も、このポータラカに由来する。華厳経《けごん》によると、この補陀洛はインドの

能野三山のひとつ那智大社と、那智の滝　　（撮影=山田吉彦）

南にあるとされるが、日本では南の海上にあると考えられていた。この補陀洛を目指して僧侶たちが旅立つのが「補陀洛渡海」だ。江戸時代以前には、この寺を基点に観音が住むという補陀洛を目指して、大勢の僧侶が小船で太平洋に出て南の海に乗り出した。この僧侶たちは衆生救済のため、即身仏となる。生きたまま仏になるのだ。

## ✛ 釘を打たれて脱出不可能となる ✛

現在、補陀洛山寺を管理しているのは、熊野三山のひとつである那智大社に隣接する青岸渡《せいがんと》寺の住職だ。江戸時代までの熊野三山は神仏習合であったが、熊野本宮大社、熊野速玉《はやたま》大社は、明治時代の神仏分離令により仏堂を廃止した。しかし、那智大社だけは観音堂を残し、のちに青岸渡寺とした。熊野那智大社は、千手観音とされる熊野牟須美大神《くまのふすみのおおかみ》を祀っている。そのため、観音様に救いを求め、補陀洛への渡航を目指したのだ。補陀洛山寺には、復元した渡海船が展示されている。この寺のあたりは那智浜と呼ばれ、観音菩薩のもとを目指し、船出した場所である。渡海船には、人がひとり入るのが精一杯の大きさの入母屋《いりもや》づくりの建屋が付いている。その四方には鳥居があり、渡海する僧侶はこの建屋の中に入り、外から釘を打たれ、脱出不可能な状況になる。中に入った僧侶は飲まず食わずで、ひたすら経を唱えていたのであろう。

補陀洛渡海船は南方を目指すために、北風が吹き始める初冬に那智浜から出発する。船には動力がないため、沖まで漁師の船が曳航《えいこう》する。そして風や潮流に乗せて離すのだ。記録によると、少なくとも20人が即身仏となった。江戸時代になると、死んだ僧侶の遺体を渡海船に乗せ、送り出すようになった。この補陀落渡海は一時期、高知県などでも行なわれた。ひとたび、補陀洛渡海に出た僧侶は、けっして生きて帰ってはいけない。井上靖の小説『補陀洛渡海記』に登場する僧侶は生きて帰ったために、漁師に殺されることになってしまった。熊野三山は熊野古道として世界遺産になり、熊野古道は整備され、歩いて回ることができるようになった。熊野古道を訪れたら、ぜひ、那智の海岸に立ち、水平線の先にある補陀洛を想像してほしい。海の向こうに別世界が見えてくるかもしれない。

愛媛県伯方島

# 「伯方の塩」は、本当はメキシコ産だった

## ✣能島村上が上質の塩を京都に上納✣

最近、揚げたての天ぷらやトンカツを塩で食べるのがブームだ。行きつけのトンカツ店のテーブルの上に、「伯方《はかた》の塩」の小瓶が置かれていた。小瓶に張ってあるラベルをよく見ると、原産地がオーストラリア、メキシコと書いてある。

「伯方の塩」で知られる伯方島《はかた》（愛媛県今治市）は、本州の広島県と四国の愛媛県の間に点在する芸予《げいよ》諸島の中ほどに位置している。現在は、しまなみ海道が通り、本州とも四国ともつながっている。伯方という地名は、九州の博多から移り住んだ人が多いからだという。

芸予諸島は、鎌倉時代初期から海賊として知られる村上水軍の本拠地である。村上水軍は、因島、能島、来島の3つの島に分かれ、三島村上と称した。戦国時代には、この三島村上が協力して瀬戸内海の覇権を握っていた。

伯方島は、能島村上の本拠地である芸予大島と船折りの瀬戸という急流が流れる海峡を隔てて隣接している。戦国時代の村上水軍の資金源は、瀬戸内海を通行する船舶から徴収する帆別銭、駄別銭といった一種の通行税であった。

それ以前の村上水軍は、瀬戸内海を通行する船舶や沿岸の荘園の警備を請け負う一種の用心棒の仕事をしていたようだ。

『東寺百合文書《とうじひゃくごうもんじょ》』という古文書によると、能島村上氏は京都の東寺の持つ弓削島荘《ゆげしまのしょう》の警備を請け負っていた。この荘園では瀬戸内海でとれる上質の塩を、京の都にある東寺へ上納していたようだ。伯方島周辺で産する塩は、この時期にはすでに名産品として知られていた。200年以上歳月が経った江戸時代でも、播州赤穂の塩と並び上質の塩の産地として高い評価を受けていた。雨の少ない瀬戸内は、塩の生産に適した場所なのである。

## ✢安心して口にできる天然塩に注目✢

高度成長期の1971年、イオン交換膜製塩法が確立し、国は塩の製造方針を変更した。その結果、塩田《えんでん》はなくなり、「食塩」と呼ばれる塩化ナトリウム99%以上の過精製塩に変わってしまった。それに対し、地元市民の中から歴史のある塩田の復興を願う動きが起き、当時、食塩には食の安全を疑問視する声もあり、消費者運動が起こった。

そして、地元の市民が寄付金のような形でお金を出し合い、天然塩を作る伯方塩業株式会社が設立した。伯方の塩は、昔ながらの塩を安心して口にするため塩田を残したいという願いを込めた5万人の署名により生まれた市民の製塩会社である。

現在の伯方の塩は、メキシコ産とオーストラリア産の天日干した塩を、瀬戸内海の海水に溶かせて再結晶させている。伯方の塩といいながら、メキシコ産、オーストラリア産を使うのは違和感がある。

しかし、それは塩の専売制の中で、1971年に政府がイオン交換膜製塩法以外は海水から塩を作ることを禁止したため、当初、メキシコ産の原塩を入手することにしたのである。あくまでも天然塩にこだわり、化学薬品をいっさい使わずに作り続けているのが伯方の塩である。

伯方の塩は、安心して口にできるこだわりの食材である。

伯方の塩の製造工程は、伯方島に隣接する大三島にある伯方塩業大三島工場で、塩田とともに見学をすることができる。

# 逆さ地図で見れば、富山県が日本の中心

## ✢日本の地政学的立場を感じさせる「逆さ地図」✢

富山県の人にいわせると、富山は日本の中心であるという。それどころか、アジアの真ん中だとさえいう人もいる。

最近、富山県が発行している地図「環日本海諸国図」をよく見ることがある。この地図は、日本海を中心に南北を回転させたもので、北海道が地図の左、沖縄が右に描かれている。

従来の地図から見ると横向きになっているが、なぜか「逆さ地図」と呼ばれている。この地図は富山県刊行物センターで販売しているが、1995年12月の発売以来、すでに、2万5000枚も売り上げた同センターの目玉商品だ。発売以来20年以上たっても、問い合わせが毎日のように来ているという。

日本海に面している富山県は、「環日本海」という発想を重視し、同じ日本海沿岸のユー

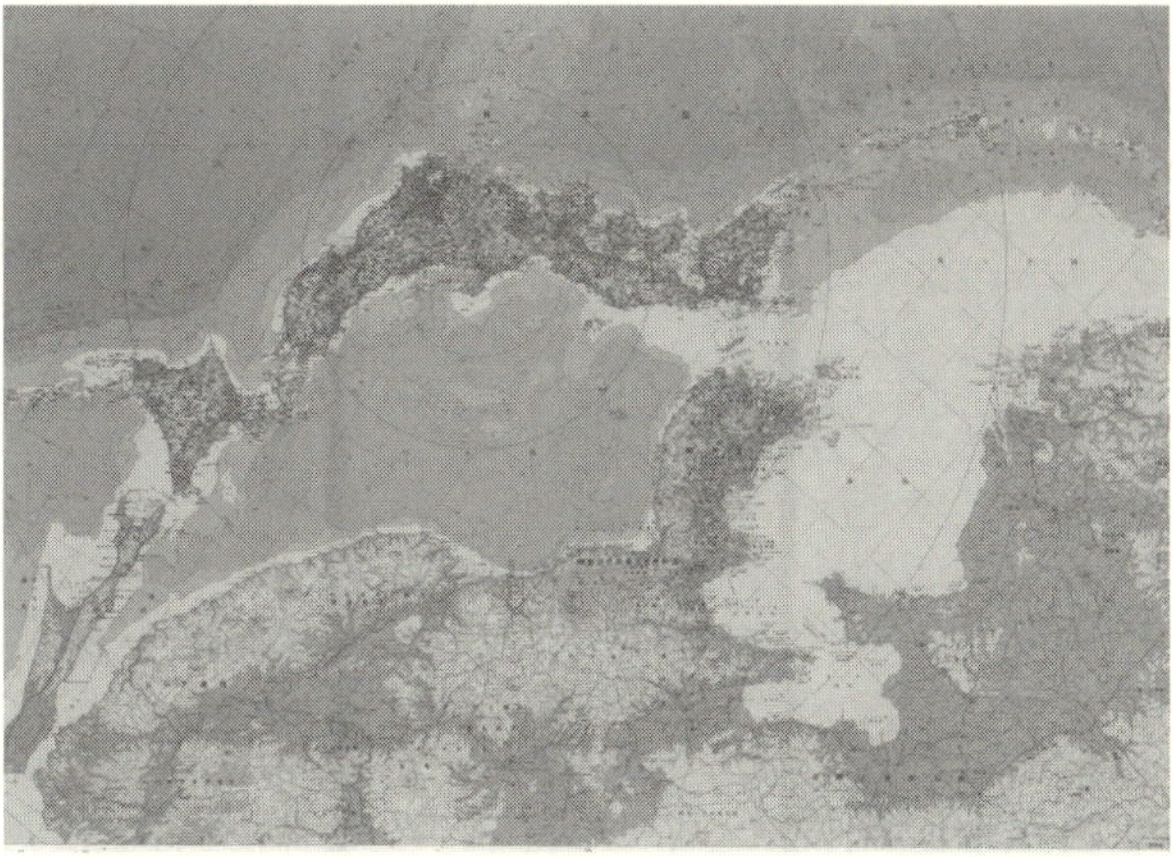

この地図は富山県が作成した地図の一部を転載したものである（平6総使第76号）

ラシア大陸側のロシア、韓国、中国との交流を進めてきた。

この地図は、これらの北東アジアの国々の視点から日本を描き、富山との距離的な近さを示すために作られた。

富山県が作ったため、その中心に富山があるが、この地図を見ていると富山県の人がいうように、富山がアジアの中心のような気分になってくる。

見方を変えると、この地図は北東アジアにおける日本の地政学的な立場を感じさせる。

地図上では、下部にはユーラシア大陸、上部には太平洋が広がり、大陸と太平洋を分断するように中央部に日本列島が横に伸びているのだ。

地図の左端は、日本の最北端・択捉島。右端は、日本国内で人が住む最南端の島・波照《はてる》間《ま》島である。この択捉島から波照間島の間を、日本列島の島々が真珠のネックレスのようにつなぎ合わせているのがひと目でわかる。

## ✛ 世界の海を目指す時、邪魔になる日本 ✛

中国、韓国、北朝鮮、ロシアから見るとなんて日本は邪魔な国なのだろう。船に乗り世界の海を目指すと、必ず、日本の島々が邪魔になる。また、国連海洋法条約に基づき沿岸から200海里までの排他的経済水域を主張し、海底資源や漁業管轄権を獲得しようにも、日本との中間線で頭打ちなる。

それだけ、日本は海における関係で周辺国より優位に立っている。

しかも、太平洋側では他国の障壁がないため、排他的経済水域も大陸棚も限度いっぱいまで主張することができる。

たとえば、ロシアの例を紹介すると、極東のウラジオストック港を出港した船が太平洋に出るためには、日本海に出て宗谷海峡、津軽海峡、対馬海峡のいずれかを越えなければならない。宗谷海峡の先には、択捉島、国後島そして色丹島、歯舞群島（北方四島）が控えている。対馬海峡ルートでは南西諸島が横たわる。これらの諸島を横切らなければ世界へつながる道は開かれないのである。

中国も同様だ。東シナ海を越え、九州から八重山諸島につながる南西諸島の海域を横切らなければ太平洋に出ることができないのだ。朝鮮半島の韓国も北朝鮮も同じ悩みをかかえている。

この逆さ地図に表された北東アジアと日本の地政学的関係が、日本と隣国との領土問題、海域問題の原点なのである。

日本は常に優位に立っていることを忘れずに、隣国との海洋問題に対応していく必要がある。そして、何が国民生活にとって重要なのかを考えなければならない。

広島県

# 「お好み焼き」のルーツは遣唐使の土産だった

## ✢中国から伝えられた「煎餅」が原型✢

性別、年齢を問わず、多くの日本人に愛されている食べ物に「お好み焼き」がある。最近では、お好み焼きもバリエーションが広がり、広島風、大阪風、モダン焼きなどができた。また、東京・月島（中央区）の名物である「もんじゃ焼き」もある。すでにお好み焼きは日本の食文化の一端を担っている。

まず、お好み焼きといえば広島だ。広島には、1棟のビルの中に20軒を超えるお好み焼き店が並ぶ、「お好み村」なる場所まである。広島のお好み焼きの特徴は、焼きそばを入れることだ。広島ではお好み焼きを名物としているが、その人気とともに、味付けのためのソースも広島の商品が一般的に使われている。いまでは広島市にあるオタフクソースが、お好み焼き用ソースのトップブランドとなっている。日本国内には2万軒ほどのお好み焼き店があるが、その多くはこのオタフクソースを使っている。

では、お好み焼きはいつから日本人の間に広まったのだろう。お好み焼きの原型は、遣《けん》唐使《とうし》が中国から伝えた「煎餅《せんびん》」という小麦粉を練って焼いたものであると考えられている。奈良時代のはじめ遣唐使として中国に赴いたことのある学者・吉備真備《きびのまきび》は、奈良の都に煎餅の作り方を伝えた。真備は聖武天皇、光明皇后の寵愛を受け、政治の中枢に入るとともに、中国で習得した知識を日本に合うように変化させ、文化、学術の分野でも影響力を持った。

## ✣ 1200年の歴史の中で姿を変える ✣

その後、800年の時を経て、安土桃山時代には千利休が「麩《ふ》の焼き」という煎餅を菓子のようにしたものを作らせている。そして江戸時代には、小麦粉を水で溶いて焼き餡《あん》をくるむ「助惣焼《すけそうやき》」が生まれ、明治時代に入ると東京では「もんじゃ焼き」がはやり、昭和には天かすやねぎなどを乗せる「一銭洋食」が主食のように食べられた。そして、第2次世界大戦終戦後、水溶き小麦粉にいろいろな具を混ぜて焼く「お好み焼き」が生まれた。遣唐使により海を越えて伝えられた煎餅は、1200年の歳月の中で、お好み焼きへと姿を変えていったのである。

オタフクソースは、日本のお好み焼き文化を支えている。同社は、お好み焼き研修センターを設け、お好み焼き店の開店を目指す人々をサポートしている。また、社内の資格として「お好み焼き士」マイスター制度をつくり、ソースの販売だけでなく、お好み焼きの普及に努めている。また、オタフクソースの本社に隣接して「Ｗｏｏｄ Ｅｇｇ」というお好み焼きの展示館がある。ここでは意外なお好み焼きの歴史・文化から美味しいお好み焼きの作り方などを知ることができる。

オタフクソースの名の由来は、すべての人が美味しいものを食べて、「お多福」のような笑顔でいてもらいたいという創業者の願いである。美味しいお好み焼きは、人々の心をなごませ、きっと笑顔に導いてくれるだろう。

現在、お好み焼きは家庭用調理器具ホットプレートの普及により家庭料理にもなっている。ソースの上に青のりをふんだんにふりかけ、紅ショウガなどを添える。マヨネーズや粉チーズで味付けをしても美味しい。お好み焼きは現在も進化を続けている料理だ。

広島県呉市

# 軍港の町に万年筆メーカーが発展したワケ

## ✢広島県呉市は世界屈指の軍港✢

私は日本で作られた万年筆が好きだ。欧米のものとの違いは、漢字を書いた時にわかる。日本製は、漢字もすらりとペン先を滑らせながら書くことができるのだ。

広島県呉《くれ》市は、瀬戸内海に面した古くから栄えた港町である。戦国期には村上水軍の影響下にあった。

明治時代になると呉鎮守府と呼ばれる大日本帝国海軍第2海軍区鎮守府が置かれ、日本最大規模、世界でも屈指の軍港となった。また、軍艦を建造、修繕する海軍工廠《こうしょう》が置かれ戦艦大和が建造されたことで知られている。海軍工廠の跡地は、いまではアイ・エイチ・アイ・マリンユナイテッド呉工場となり、民間船を建造している。

現在の呉市には海上自衛隊呉基地、海上自衛隊呉地方総監部が置かれ、6000人を超える海上自衛官が暮らす。さらに、海上保安大学校があり、海上保安庁の幹部候補生の教育が行なわれている。人気の映画「海猿」の第1作は、この海上保安大学校が舞台で、そこで学ぶ潜水研修課程の学生が一人前の潜水士に成長してゆく物語である。

この町の観光は、やはり海軍時代の遺跡が中心だ。レンガ色の古い建物にも趣《おもむき》がある。最近は、戦艦大和にミニチュア模型を中心にした「大和ミュージアム」や実物の潜水艦の中が見学できる「てつのくじら館（海上自衛隊呉史料館）」が人気を集めている。このてつのくじら館は、民主党による「仕分け」の対象になり、改善を求められたが、本物の潜水艦に触れることができる世界的にも貴重な博物館である。

## ✛軍港で根付いた一大産業✛

そんな呉の町には、船乗りに関わるひとつの産業がある。それは万年筆の製造だ。万年筆を製造するセーラー万年筆の天応工場がある。セーラー万年筆は、1911年に阪田製作所という名称で創業し、すでに1世紀もの歴史を持つ。

呉の町に万年筆工場ができたのには理由がある。万年筆は揺れる船の中で、航海日誌を書かなければならない船乗りにとって必需品であった。万年筆が普及するまでは、いちいち瓶に入ったインクにペン先をつけては文字を書いていた。船が揺れるたびに瓶が倒れたり、インクが散るため思うように書くことができなかった。

1833年に米国人ウォーターマンが毛細管現象を応用したペン芯を作ったことで、船乗りに適した筆記具となった。そして世界の船乗りたちが、万年筆を使うようになった。日本において呉に集う船乗りのために、使いやすい万年筆を作り続けてきたのがセーラー万年筆だ。日本語は漢字、ひらがな、カタカナを使い分ける。また、船乗りはアルファベットも頻繁に書く。そこでセーラー万年筆は日本人の船乗り用に、「しなやかなペン先」を追求してきたのである。最高の品質であるが、海外のブランド品の半値以下で買うことができる。

天応工場では、2007年に「現代の名工」に選出された長原宣義さん（すでに引退）たちが、日本語を美しく書くために最適なペン先を作り続けてきた。長原さんたちの磨き出したペン先は、海の男たちの胸ポケットに差され、世界の海を駆けめぐっているのである。実は私の背広の内ポケットにも、1本差してある。

いうならば呉は、海を守る人々の聖地であり、船乗りたちとともに生きている町である。

大分県姫島

# 貧しくても豊かに暮らす島

### ✢日本で2番目に安い給与水準✢

大分県国東《くにさき》半島の沖に姫《ひめ》島がある。毎年お盆の時期になると、子どもたちが顔を真っ白に塗り狐の化粧をして踊る「きつね踊り」に全国から観光客が集まる。しかし、普段この島は訪れる人も少ないのどかな島である。瀬戸内海の優しい日差しを浴びながら、ゆっくりと時が流れている。姫島の歴史は古く、『古事記』に書かれたイザナミの命とイザナギの命による「国生み」の話の中にも、大八島国に続いて創られた島のひとつ「女島」として登場する。

姫島村は1952年以来、村長選挙が行なわれていない。15回連続の無投票で村長が決まっている。藤本熊雄前村長と現職の藤本昭夫村長は親子2代にわたり50年以上、村人の信任を受けて村を治めてきたのだ。藤本村長の方針は島で生まれた人々は、島で暮らすことが一番の幸せであるという考えに立脚している。

最近、この姫島はワークシェアリングの島として注目を集めている。実は姫島のワークシェアは、いまに始まったことではない。半世紀も前から島で生れた人々は、島を離れずにすむように数少ない仕事を分け合って、生きる糧《かて》としてきたのである。

姫島村の人口は現在2200人ほどであるが、そのうち約200人が村役場関係の仕事に就いている。この村は全国の地方自治体の中で、2番目に給料が安く、国家公務員の7割程度の給与水準だ。この時点での1番は財政破たんした夕張市であり、実質的には日本で1番給料が安い島だといえよう。

島人は、2人分の仕事、2人分の賃金を3人で分け合って働いているのである。島は国東半島の伊美《いみ》港との間を村営のフェリーで結んでいる。船員はすべて村役場の職員である。病院も幼稚園も高齢者施設もすべて村営。その中で働く人には、若者の姿が目立つ。賃金が安くても、姫島の人は故郷で明るく働いているのである。村の主要な産業は、クルマエビの養殖であるが、これにも村が出資して第3セクターを作った。この養殖場は島の人の貴重な収入源であり、就職先となっている。

## ✢幸せを分け合う日本一優しい島✢

この島の優しさは、フェリーの着く波止場でもわかる。高齢者も利用しやすいように工夫したタラップがある。レバーを操作すると、スロープになったり階段になったりするのだ。これは高齢者や車いすの人が使いやすいように、特別にあつらえたものだ。村長も入って検討し、メンテナンスが少なくてすむシンプルな構造を考え、機械工場に発注したものだが、けっして高価なものではない。

島には島の広報部の役割を果たすケーブルテレビ局があり、島の人に情報を伝えている。国、県、村の行政情報はもとより、テレビ番組、インターネットもケーブルテレビを通じて利用している。このチャンネルのひとつに、いつも漁港の様子が映し出されるものがある。自宅にいても自分の船の管理ができる仕組みだ。

高齢者介護施設に行くと、元気なお年寄りの姿が多い。奥さんや旦那さんに介護が必要になると、一緒に施設に入り、そばに寄り添いながら、畑や漁場に通って働く。自宅に毎日帰ることもできる。

姫島村では、ちょっとした工夫がいたるところに施され、島人が幸せになることができる仕組みがいっぱいだ。幸せを独り占めしないで、分け合う島なのである。

壱岐島

# 実は恐ろしい「春一番」

## ✣語源は壱岐の島での事故に由来する✣

春到来というと「春一番」をイメージする人が多いだろう。春一番とは立春後、その年に初めて吹く南よりの強風のことであり、2月の中旬から3月にかけて吹くことが多い。これは台湾付近の東シナ海に発生した弱い温帯低気圧が、発達しながら日本海を日本列島に沿うように北上し、この低気圧に風が吹き込むため、日本の広い範囲が強風となる。春一番という言葉は、1957年に報道用語として使われ始め、1959年には民俗学者の宮本常一氏により歳時記に記載された。気象庁では、1963年から対外的に使い出した。この「春一番」の語源は、壱岐島での事故に由来があるといわれている。それは春の訪れを喜ぶのではなく、春の嵐がもたらした悲しい記憶であった。

春一番という言葉は、寒い冬を越え待ちわびた春の訪れを感じさせるが、実は多大な被害を与える恐ろしい風なのだ。
1972年3月20日に吹いた春一番は、南寄りの湿った風を伴い暴風雨となり雪崩を引き起こし、死者、行方不明者24人の被害を出した。また、1978年2月28日には、強風が竜巻を引き起こしている。その時の瞬間最大風速は52メートルにもなり、この突風で東京と千葉を結ぶ東西線の電車が荒川にかかる鉄橋を通過中に横転する事故が起きた。

## ✣旧暦2月13日は出漁を禁止✣

春一番という言葉の起源をさかのぼると、安政6（1859）年の壱岐島（長崎県壱岐市）にたどり着く。壱岐島元居浦《もというら》の53人の漁民が鯛の延縄漁《はえなわぎょ》に出ている時に、突然襲ってきた大風と大波にのみ込まれ、帰らぬ人になった事故に由来するといわれている。元居浦では、いまもこの事故が起きた旧暦の2月13日はどんなに天気がよくても出漁することを禁じている。

壱岐島では、春に吹く強風を「春一」、一晩中吹き続ける強い西風を「春のヒトヨニシ」と呼んで恐れている。春一番が南風か西風かは、低気圧の進行経路によるものだろう。「春のヒトヨニシは鹿の角を吹き欠ぐ」という諺《ことわざ》があり、春の夜に吹く強風は鹿の角さ

え も折ってしまうほど強いというのだ。江戸時代の壱岐島は、平戸松浦藩領であったが、同藩の天気予報に関する古文書『天気見伝書』の中には、まだ春一あるいは春一番という言葉は出てこない。春一番という言葉が天気見伝書以降の安政年間に生まれたのであれば、うなずけることだ。ただ、春一番による気象現象に関し、「冬南風が吹けば、二・三日の間に必ず雪が降る」という記載がある。春一番が吹いたあとには、西高東低の冬型の気圧配置になり、「寒の戻し」が起こることを伝えているのであろう。

漁師、釣り人、船乗り、サーファー、ヨット愛好者。海に出る人にとって天気を知ることが重要であることはいうにおよばない。昨今は、気象情報を提供する企業もあり、労せずして天気予報を入手することができる。しかし、それでも難しいのが、風の予測だろう。毎年、突風などの気まぐれな風に翻弄され、事故に遭う船も多い。気圧配置や大気の移動により風は刻一刻と変化する。とくに海上では大波を起こすので厄介だ。

春一番に関する諺は、日本中で伝承されている。青森でも「春先のクダリ風（南西風）が一番おっかねえ」「ミナミ（南風）が吹くと時計回りの方角へ風が移り、急激に大きく時化《しけ》る」「沖へ出て一番恐ろしいのはタテガワセ（東風が急にやみ、その後、南寄りの強風に変わること）」と伝えられ、春一番は「命をとる風」として恐れられてきた。

小笠原諸島

# 「東洋のガラパゴス」に最初に住んだのは欧米人？

## ✛捕鯨船船員相手のスーパーマーケットの島✛

東京都でありながら、都庁から1000キロメートルも離れている。この交通不便な島々は不便であるがゆえに自然が残り、世界自然遺産に登録された。この島々とは小笠原諸島のことで、自然以外にも興味深いことがいっぱいある。

小笠原諸島を訪れる交通の手段は船しかない。この唯一の交通手段が小笠原海運が運航する「おがさわら丸」であり、週に1往復運航している。しかも、片道26時間ほどかかる。空港建設の話もあるが、環境保護のため、反対する声が強く実現への道は険しい。

実は、この小笠原諸島の属する小笠原村は、日本の国境政策にとって最も重要な村なのである。なぜならば、日本の最南端、沖ノ鳥島も最東端、南鳥島の両島ともに小笠原村に属し、日本の持つ排他的経済水域のおよそ30％が小笠原村を基点として広がっているのである。小笠原村父島のバーでビールを飲んでいると、そこで出会う島の人々は、180年間の小笠原の歴史を凝縮している。歴史とは人が生きてきた姿の記録である。

小笠原諸島は江戸時代末期までは、人は誰も居住しておらず、無人島《ぶにんじま》と呼ばれていた。実は、この島々に最初に人が住み始めたのは、1830年のことで、5名の欧米人と20数名のカナカ人と呼ばれるハワイの原地民であった。彼らは捕鯨船に薪や水、野菜を供給することをビジネスにするために移住してきたのである。小笠原にはじめてスーパーマーケットを開店したのだ。連れてこられたハワイの原地民の多くは女性で、この島には捕鯨船員相手の売春宿もできていた。この島が海賊に襲われたことがあったが、海賊が奪ったのは女性だった。

## ✛ 米英の領有権争いの隙に日本領へ ✛

日本の鎖国を打破したペリーも浦賀に来航する前に父島を訪れ、一部の土地を薪水置き場として賃借した。その時、最初に入植した人のひとりである米国人セーボレーを島の長官に任命し、自治政府を作らせた。

日本は、幕末の頃、英国と米国がこの島の領有権争いをしている隙に、外交交渉の末、日本領とすることに成功した。米英はともにいがみ合って紛争に発展するよりも、既得権を認めるという条件のもと、日本の領土にするほうが得策であると判断したようだ。そして、明治に入ると本格的な日本人の入植が始まり、欧米人と日本人が雑居するようになったのである。この状態は第2次世界大戦末期の1944（昭和19）年に、島の住民が軍部の命令により強制疎開させられるまで続いた。戦後は米国の統治下に置かれ、欧米系の元住民の帰島は許されたが、日本人の帰島は1968年の返還まで待たなければならなかった。小笠原は欧米系人の島となっていたものが、返還により日本の島となったため、土地の権利関係や欧米系人の処遇など解決としなければならない問題が数多く発生した。国と東京都が一つひとつ解決していった。

そのため、40年がたったいまでは、欧米系人も日本人も混住しているが、大きなトラブルは発生していない。欧米系人の間では、英語と日本語が混ざった不思議な言葉が通じている。たとえば、「ムーンが明るい」とか、「ケアフルして」とか。

現在の小笠原諸島は、東洋のガラパゴスといわれるほど特殊な生態系と自然を持ち、環境を売りにした観光地として成功している。小笠原諸島の事例は、北方四島が返還された際に、現在、島々に住んでいるロシア人と日本人との関係において、有効な指針となることだろう。

長崎県生月島

# 廃業した海賊たちの転職先は捕鯨船

## ✢ 平戸藩に納めた冥加金は年900億円相当 ✢

肥前平戸藩の領内に生月島《いきつき》がある。江戸時代、この島には日本最大の鯨捕獲組織「益冨組」があった。

日本人は、古くから鯨を食べてきた。石器時代や縄文時代の遺跡からも鯨の骨が発見されている。また、『古事記』や『万葉集』にも「いさな」などの呼び方で鯨が登場している。日本で組織的に捕鯨を始めたのは、17世紀初頭、紀州熊野の太地《たいじ》の和田忠兵衛とその子金衛門であるといわれている。集団で鯨を追い詰め、捕獲する方法だ。そして集団捕鯨の戦術が、長崎、土佐、遠江、安房などに広がったようだ。

この捕鯨を支えたのは、戦国期に水軍、海賊衆として活動していた「海の武士」たちであった。

捕鯨の勇者が行なう一番銛《もり》は、戦国争乱の一番槍に相当する栄誉を得ることになる。豊臣秀吉の海賊停止令により廃業を余儀なくされた海賊たちが、船を操《あやつ》る特技を活かして鯨捕りへと転業したのだ。

江戸時代、肉食が疎まれていた頃、貴重な蛋白源として鯨肉が珍重された。前述の「益富組」は、江戸中期の最盛期に200隻の捕鯨船を持ち、3000人の水主（捕鯨船員）を雇い入れ、年間300頭ほどの鯨を獲っていた。益富組の主力は、かつて倭寇と恐れられた松浦党の海賊衆の末裔である。この時期、益富組が平戸藩に納めた冥加金は年間90万両にも上っていたとの記録が残る。単純に1両を10万円として計算すると900億円にもなり、藩の重要な財源であった。鯨は、肉、脂など余すところなく利用され、それだけ高価なものだったのだ。

19世紀以降、欧米の国々は鯨油を採るため、遠洋で鯨を乱獲した。アメリカ東インド艦隊のペリー提督が、日本に開国を迫ったのには捕鯨基地を確保する狙いがあったようだ。その後、欧米の乱獲により、鯨の資源量が急速に減少し、1982年国際捕鯨委員会（IWC）は商業捕鯨の実質的な禁止を決定した。

ノルウェーやアイスランドなどの捕鯨国はIWCに異議を申し立て、商業捕鯨を継続している。日本は米国などの要求に従い、1986年に南極海、1988年に太平洋における商業捕鯨を停止し、その代わり、1987年から南極海における鯨の科学的調査を目的とした調査捕鯨を開始した。調査捕鯨では南極海と太平洋での調査を合わせて、年間1000頭ほどの鯨を捕獲を計画している。現在、市場に出回っている鯨肉の多くは、この調査捕鯨の副産物である。

## ✢ 保護政策の効果でミンククジラなどが増加 ✢

また、ツチクジラやゴンドウクジラなどの小型鯨類は、IWCの規制対象外で、和歌山県、千葉県、北海道などで少数捕獲されている。そのほか、定置網に掛かったミンククジラなどは、日本鯨類研究所に報告書を上げたあと、市場に出回る。この数は、年間150頭ほどになるそうだ。

毎年、冬になると南極海での調査捕鯨がクローズアップされる。調査捕鯨自体の問題というよりは、反捕鯨団体シーシェパードによる日本の調査捕鯨船団への手の込んだ妨害活動が注目されている。

シーシェパードは行動が暴力的で、環境テロリストの異名を持つ。シーシェパードの活動は、アメリカにおいてテレビで放映され、人気がある。そもそも番組の名は「ホエールウォーズ」。シーシェパードは、調査捕鯨船団に戦争を仕掛けているのである。日本政府は調査捕鯨船に海上保安官を乗せ、船員の安全をはかり、シーシェパードの暴力行為を取り締まる態勢をとっている。しかし、シーシェパードの妨害活動はとまらない。

調査捕鯨が鯨肉の確保のためか、鯨に関する科学的調査のためかについては、さまざまな立場において意見の相違があるところだ。また、ミンククジラなどの資源量が増大していることも報告されている。いっそのこと、ノルウェーのように堂々と商業捕鯨を始めてはいかがだろうか。日本の近海で鯨をとり、新鮮な鯨肉を食べるのである。

昭和の時代には、学校給食のメニューに鯨の竜田揚げや鯨カツなど鯨料理があった。たいして美味しいとも思わなかったが、最近の鯨肉は保存技術が向上したため、鯨肉本来の旨さを堪能することができる。

鯨肉は、赤肉と呼ばれる部位を竜田揚げ、鯨カツ、はりはり鍋などで食べる。また、尾羽という尾の先端は、さらし鯨に用いられ、畝須という顎の下から腹にかけの脂のある部位を燻製にしたクジラベーコンなどが美味しい。その他、セセリ（舌）、オノミ（尾身）なども美味である。

最近では調査捕鯨の鯨肉が余り、安く美味しい鯨肉が食べられるようになっている。

長崎県平戸市

# いまも生きる「隠れキリシタン」

## ✢平戸は日本外交の起点の町✢

いまも「隠れキリシタン」は存在する。いま時、信仰を隠す必要はないのだが江戸時代のキリスト教禁教令は潜伏して信仰する「隠れキリシタン」という宗教を生み出した。

本書において平戸（長崎県平戸市）の名はたびたび登場している。なぜならば、平戸島の西に広がる東シナ海は、中国大陸まで続いており、平戸は国境の島だからだ。遣唐使も渡海僧もこの地を最後に、未知なる海へと旅立った。平戸は日本の外交史において、国境の島として存在しているのである。

また、日本で最初に西洋に門戸を開いた町であり、キリスト教も盛んに布教され、17世紀初頭までは多くの信者がいた。江戸幕府によるキリスト教禁教令の徹底以後は、潜伏して信仰を守り続ける人が多かった。その影響で、現在も平戸にはキリスト教徒が多い。そ

納戸神と呼ばれる隠れキリシタンの祭壇　（撮影＝山田吉彦）

して、いまも禁教時代と同じキリスト教信仰を続ける隠れキリシタンが存在するのだ。

キリスト教は、1549年にスペインのイエズス会宣教師フランシスコ・ザビエルにより伝えられたことはご存じであろう。ザビエルは、鹿児島で布教を始めたが、なかなか耳を貸そうとしない日本人にいら立っていた。1550年、そんなザビエルのもとに、ポルトガル船が平戸に入港したという報せが届いた。ザビエルは平戸に行き、この地で布教活動を行ない、1カ月の滞在の間に200人の信者を獲得した。

その後、キリスト教は、「戦国の世」という不安定な社会情勢の中で、日本全土へと広がりを見せていた。しかし、豊臣秀吉が全国を統一すると、「スペインやポルトガルは、植民地支配のためにキリスト教の布教を利用している」との噂に警戒心を抱き始めた。そして1587年、神仏を敬う人々にキリスト教への改宗を勧める宣教師たちに、国外退去を命じる伴天連追放令を発布したのである。追放令を受けた宣教師たちはこの平戸に集まり、善後策を協議した結果、日本での布教を続けることを申し合わせ、キリシタン大名を頼って潜伏していった。多くの宣教師が隠れて布教活動を続けたことは、さらに秀吉を怒らせ、長崎において26聖人が死罪とされる悲惨な事件となった。

## ✛約250年の月日が信仰を変える✛

徳川家康も秀吉の禁教政策を踏襲した。そして1637年、キリスト教徒を中心とした島原の乱が起こり、幕府の取締りは一層厳しくなり、平戸藩領のキリシタンも信仰を隠して生活するようになったのである。

明治維新を経て、日本は国際社会の一員となり、1873年、キリスト教が解禁され、多くの隠れキリシタンは期待を胸にカソリックの教会を訪れた。しかし、そこには自分たちの信仰とはまったく違う宗教があった。カソリックの神父の多くは、キリシタンが潜伏していた250年の時間が信仰を風土に順応させたことなど思いもおよばず、教義を改めることを強制した。

そのため、信徒の中には、カソリックの信仰に馴染めず、再び潜伏する道を選んだ人々がいた。もちろん、平戸には集団でカソリックに改宗した地域もいくつかある。しかし、一部の信者たちは、祖先の培ってきた伝統と文化を優先したのである。それが、現在も生きる隠れキリシタンの姿なのだ。平戸に残る隠れキリシタンの数は、およそ800人と推定されている。

平戸島の隣にある生月島の隠れキリシタンは、宗教文化の伝承につとめている。島内にある「島の館」という民俗資料館では、隠れキリシタンの祭具などを展示するとともに、年に2回、「オラショ」を聞く催しを開いている。オラショとは聖歌を口伝したもので、隠れキリシタンの祈りである。

平戸の隠れキリシタンのお宅にうかがうと、3つの祭壇があった。仏壇、神棚、そして納戸神《なんど》と呼ばれる隠れキリシタンの祭壇である。隠れキリシタンとは、多神教の色彩と祖先への崇拝を併せ持った伝統と形式を重んじる究極の日本化したキリスト教である。自然環境と生活環境、そして、地域の風土に順応した結果として生まれたものだ。

長崎県端島

# 近代産業遺産である「軍艦島」のいま

## ✢島の炭鉱労働者は高所得だった✢

長崎港の沖17キロメートルほどの外洋に「軍艦島」はある。軍艦島というのは通称で、正式名称は端島《はしま》。周囲1・2キロメートルで遠目に見ると、三菱長崎造船所で建造された軍艦「土佐」に似ていたことから軍艦島と呼ばれた。かつては高島町であったが、現在は長崎市の一部である。高島町には高島鉱山があり、周囲の町は炭鉱労働者でにぎわっていた。

軍艦島は島全体がいわば炭鉱都市であり、最盛期の1960年には5267人が暮らし、人口密度は世界一といわれ、東京特別区の9倍にもなっていた。島の中には、商店、幼稚園、小・中学校、病院、神社、寺などもあり、完全に町の形態を取っていた。墓地と火葬場は、隣接する中之島に置かれていた。1916年には日本で初めて鉄筋コンクリートの集合住宅が作られ、現在も廃墟となったその姿を見ることができる。

この島で石炭が見つかったのは、1810年のことだ。それまで地元の漁民が瀬の岩場に露出している石炭を取っていた。その後、明治維新を経た1869年から採掘が試みられ、1890年に三菱が経営権を買い取り本格的な採鉱に着手した。島は居住空間の確保のために埋め立てられ、元の瀬の3倍以上にもなり、周囲をコンクリートで固めた。戦時中には軍の貴重な燃料として、また、戦後も高度経済成長を支える資源確保のため、海底深くまで掘り進められ、最も深い鉱区は地下600メートルにも達していた。

1960年頃、島の鉱山労働者たちの収入は月額20万円ほどの高所得であり、家には三種の神器といわれたテレビ、冷蔵庫、洗濯機は、ほとんどの家庭が持っていたという。

## ✢ 年間10万人が訪れる観光スポットに ✢

しかし、エネルギー資源の中心が石炭から石油、天然ガスへと変化し、端島の炭鉱は1974年1月に黒字のまま閉山。同年12月から島は、無人島となった。

その後、無人島ブームや心霊スポットとしてメディアに紹介されたこともあり、島に無断で上陸する人があとを絶たず、いたずら書きや建物の内部が荒らされ、事故の危険も出てきた。そのため、2008年に長崎市では、「長崎市端島見学施設条例」と「端島への立ち入りの制限に関する条例」を制定し、軍艦島の管理を進めている。

翌2009年からは、長崎港から出る小型の客船で島を訪問することができるようになった。乗船料は大人4200円と長崎市施設使用料300円。専門のガイドが付き、決められたコースのみの見学である。これでも十分に、近代産業遺産を堪能することができよう。けっこう人気があり、年間10万人がこの島を訪れている。休日は、事前予約が必要なほどだ。ただし、少し海が荒れると軍艦島への着岸ができず、引き返すことになる。この場合、返金は長崎市の300円のみなので注意したい。この市では、上陸できる日を年間100日ぐらいと見込んでいる。島の見学ルートには日かげがないので、夏に訪れる人は帽子を忘れないようにしたい。

日本という国を世界有数の経済国として築きあげた高度経済期を目の当たりにできる島である。

軍艦島の鉄筋コンクリートの集合住宅もいまでは廃墟に
（撮影＝山田吉彦）

鹿児島県宝島

# 海賊騒動から異国船打払令に発展

## ✢ 牛をめぐる争いが銃撃戦に発展 ✢

鹿児島県十島村にあるトカラ列島の宝島には、「イギリス坂」という坂がある。村の中心部から港へ通じる坂道である。

文政7（1824）年、宝島がイギリス人海賊に襲撃される事件が起きた。海賊といっても、本当は捕鯨船だった。このイギリスの捕鯨船が宝島に来航し、島の人々に対して食料の提供を求めた。島人は薩摩藩から派遣されている島在番官と相談し、水と野菜を提供することにした。しかし、イギリス人が欲しかったのは、島の牧場にいる牛であった。幕府の定めた法度では、異国船に提供してよいものは薪と水と少量の食料のみと決まっていた。当時、日本人には牛を食料とすることも理解できず、牛の提供は断った。

島人から牛の提供を拒絶されたイギリスの捕鯨船は、20から30人の乗組員を牛を略奪するために島に上陸させた。乗組員たちは、手に銃を持ち、乱射しながら牛のいる牧場へと向かった。そして、牛を1頭射殺し、2頭を生け捕りにして奪って逃げようとした。捕鯨船からは、島に向けて大砲が撃ち込まれた。島人は、異国人の海賊に襲われたと認識したようだ。

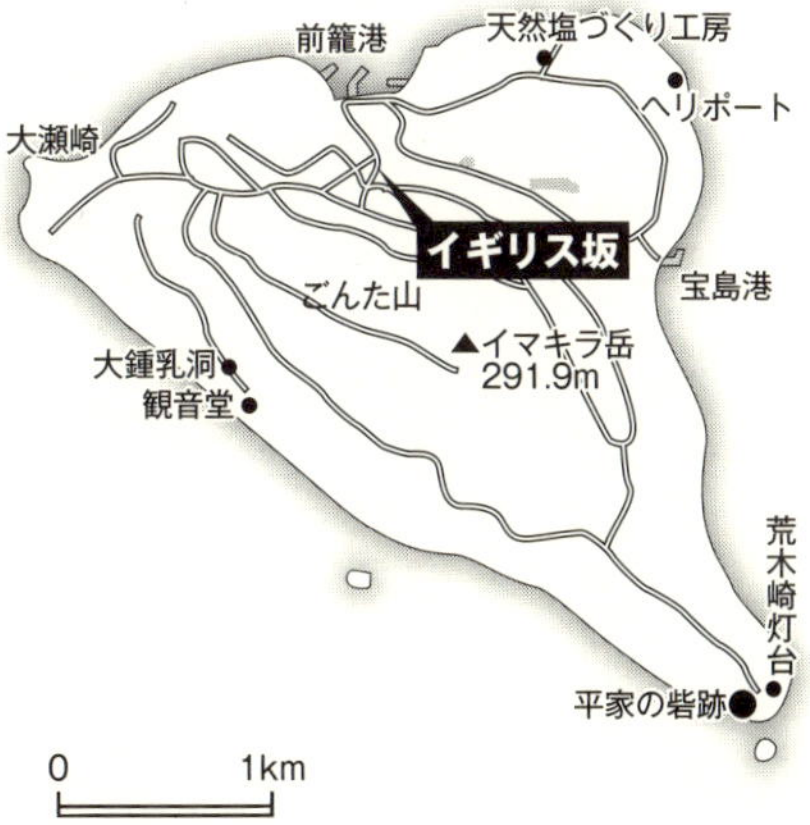


## ✢ 宝島の事件がきっかけとなる ✢

当時の宝島は薩摩藩の直轄地で船奉行の支配下にあり、薩摩から横目付という役職の吉村九助が出張で来島していた。イギリス人の攻撃に対し、吉村や島役人、そして武士の流人が中心となって火縄銃で対抗し、銃撃戦となった。そして、吉村は上陸したひとりのイギリス人船員を射殺した。この銃撃戦の舞台となった付近をイギリス坂と呼ぶようになったのである。

射殺された海賊の死体は、幕府の吟味を受けるため、樽に入れられ、塩漬けにして長崎へと運ばれた。鎖国政策下において、外国人の取調べは長崎奉行所の役目だったからだ。この樽には、「海賊大将」と書いた板が掲げられ、薩摩藩の武士が隊列を組んで運んだという。

文化５（１８０８）年にイギリス軍艦フェートン号がオランダ船の追捕を目的に長崎港に侵入し、食料の強奪などの蛮行を行なって以来、幕府は外国船の侵攻に神経質になっていた。そして、この宝島の事件がきっかけになり、文政８（１８２５）年、異国船打払令《いこくせんうちはらいれい》（無二念打払令）を発布し、国土に近づく外国船を砲撃して追い返し、上陸する外国人を逮捕、射殺することを命じた。

この頃から、日本の沿岸部にイギリスやロシアの船が出没するようになっていた。この法令は、１８４２年に老中の水野忠邦《みずのただくに》が薪水給与令《しんすいきゅうよれい》を復活させるまで続いた。鎖国政策の中で、他国から隔絶されていた日本が現実の国際情勢を知らされた時代であった。宝島海賊事件は、時代を象徴する事件だったと思う。

鹿児島県トカラ列島

# キャプテン・キッドの財宝？　宝島伝説の真実

## ✢キャプテン・キッドの財宝が隠されているとの報道✢

昭和12年2月5日の「東京日日新聞」（現「毎日新聞」）と「読売新聞」の紙面に、キャプテン・キッドの財宝が日本の小島に隠されているという記事が掲載された。キッドとはイギリス人の海賊で、17世紀後半に活動していた。アメリカの北東岸で捕えられ、1701年にイギリスのテムズ川の河畔で絞首刑になったが、彼が東南アジアで稼いだ「3億ポンド余の金銀財宝」を日本の小島に埋めたというのだ。

この小島とは、鹿児島県トカラ列島にある「宝島」だと考えられている。トカラ列島は鹿児島県薩摩半島の南西沖にあり、口之島、臥蛇《がじゃ》島、悪石《あくせき》島、宝島などの変わった名が付いた12の島で形成されている。古くは「鬼界」と呼ばれ、人が暮らすことができず、鬼だけが住むような場所とされた。宝島はトカラ列島最南端の有人島で、約100人が暮らしている。鹿児島港からフェリーで約14時間、奄美大島の名瀬港から約3時間の距離にある。2009年7月22日、この島の周辺で皆既日食が見られたことから人がたくさん押し寄せたことがあるが、普段は波の音だけが聞こえる静かな島である。

この島は周囲13キロメートルほどの小さな隆起サンゴ礁でできた島で、島内にはいくつもの鍾乳洞《しょうにゅうどう》がある。キッドが宝を隠したといわれるのは、海岸近くにある鍾乳洞で観音堂が目印だ。

## ✢密輸品が隠された可能性がある✢

キャプテン・キッドの財宝の隠し場所だといわれるところは、世界中に散らばっている。小説『宝島』に出てくるフリント船長が隠した財宝の話のモデルになったほどだ。そのひとつが、西インド諸島のエスパニョーラ島だが、ここに隠した財宝は発見されている。

また、カナダのノバスコシア州にあるオーク島やアメリカのロードアイランド州にあるガーディナー島に隠されているという伝説もある。

ガーディナー島には、いまでもキッドの宝探しに情熱を傾ける人々がいる。ただし、残念ながら、キャプテン・キッドの活動の範囲は大西洋とインド洋であり、マラッカ海峡を越えて東南アジア、とくに日本まで来航したとの記録はない。さらに、我が国は鎖国中であり、薩摩藩の御船手奉行の管轄にあったこの島に、イギリス人が宝を隠しに来たとは考え難いのである。

しかし、キッドのもの以外の宝が、この島の観音堂のある鍾乳洞から見つかっている。それは、平安時代末期の鏡などである。この島には、平家の落人《おちうど》が流れ着き暮らしていた。その平家の女官が使っていた鏡らしい。

また、江戸時代のトカラ列島は薩摩藩が行なう密貿易の拠点でもあり、宝島もその中にあった。

西洋から中国を通じて運ばれた密輸品が、宝島に隠されていたかもしれない。この島の本来の名は、トカラ島であったが、そんな伝説のゆえか、いつしか宝島と呼ばれるようになったのだろう。

沖縄県八重山諸島

# 日本で野生のクジャクに出会える島

**✢ 観賞用にリゾートホテルが飼育する ✢**

日本で最も南の町である沖縄県八重山《やえやま》郡竹富町の黒島《くろしま》に行った時の話だ。熱帯雨林のジャングルから、「ミャー、ミャー」という不思議な鳴き声が聞こえた。鳥のさえずりというのではない。むしろ、自然の静寂を打ち破る騒音のようだ。するると、林から遊歩道へ大きな鳥が現れた。なんと、クジャクではないか。これは、インドクジャク、動物園などで飼育されているのと同じだ。近所の小学校にある鳥の飼育小屋にもいるからよくわかる。

鶏冠が虹色に輝き、羽を広げると美しく、万華鏡を覗《のぞ》いた時のようになるやつだ。体長1メートルはあるだろうか。

しかも、ひと回り小さな雌を連れていた。インドクジャクの原産地は、インドとスリランカだ。渡り鳥ではなく、長距離は飛べない。

なぜ、黒島にクジャクがいるかというと、まず1979年に同町である小浜島のリゾートホテルが観賞用にクジャクを連れてきた。1980年代、このクジャクが繁殖して増えたので、近隣の島々に配り、黒島にもやってきた。黒島でも観光客を喜ばすために飼育された。

黒島をはじめとした八重山諸島は、「台風銀座」である。ある年、強い台風が黒島を襲い、クジャク小屋を破壊してしまった。そして、クジャクは山林に入り繁殖してしまった。クジャクの寿命は20年ていどなので、現在、生きているのは2世代目から5世代目くらいのものである。

いまでは推定500羽が生息し、山林脇の道でも、黒牛を飼う牧場でも、民家の庭先でもその姿を見るようになった。黒島は気候が原産地と同じように高温多湿で、しかも天敵がいないために繁殖に適しているようだ。

クジャクがいるなんてお洒落な島だと思う向きもあるかもしれないが、地元の人にとってはこれが悩みの種である。クジャクは雑食である。草の芽や木の実、小型の爬虫類、両性類などを食べる。

## ✢ 雑食で島の生態系に影響 ✢

野菜畑や菜園に侵入し、収穫前に食べつくしてしまう。牛舎に入り、飼料をついばむ。最近では、島の生態系にも影響を与え始めた。以前は、どこにでもいたサキシマカナヘビの姿を見なくなったのは、クジャクの餌食にされてしまったからのようだ。

隣の新城島《あらぐすく》では人口も10数人であり猟銃で駆除したが、観光客の多い黒島では、そうはできない。まず、狭い島内での猟銃の使用は危険なのと、来島する観光客には自然愛護派が多いからだ。

現在、檻を仕掛けて捕獲しているが、なかなか数は減らない。同じように小浜島にも400羽ほどの野生のクジャクがいる。ことの発端となったリゾートホテルが、捕獲を進めているが、繁殖するほうが多く、若干あきらめムードだ。ただし、隣の西表島《いりおもて》では同じような自然環境なのに繁殖していないから不思議だ。

黒島、小浜島では、島の生態系の変化が危惧されるものの、開き直って、クジャクも観光資源に組み入れようという動きもある。

# おわりに

かつて海洋国家といわれたベネチアの国家元首ドージェは、地中海に船で乗り出し、海と結婚をする儀式を執り行なった。ベネチア国民は海と助け合い、海と人間は常に一体であるという考えの表れである。9世紀、ベネチアの人々は外敵から暮らしを守るために、海を天然の堀として都市計画をつくり国家の礎《いしずえ》を築きあげた。国家が海とともにあるということは日本も同じだ。

日本の神々は、海の上に人々の暮らす島を創ったという。そして海がベネチアと同じように、日本国民の暮らしを守り続けてきた。日本は海というフィルターを通して、海外から受け入れた文化を昇華し、独自の文化を開花させてきたのだ。

21世紀、情報化が急速なスピードで進展している。インターネットの普及は、情報という世界で国境という壁を取り除いた。アルジェリア、エジプト、リビアなどは、政府の規制をはるかに超えた国民の情報交流により、国家そのものを変革させた。また、経済の国際化は急速に世界を一体化したものにしている。目下、日本でも環太平洋戦略的パートナーシップ（TPP）への議論も始まっている。

ＴＰＰは、各国政府が自国の産業を擁護するために築いていた壁を破壊し、経済は国家の枠を超えた存在であることを認めた。国家主権の意味すら考え直す時期がきているのだ。上手に情報化、国際化が進む社会と付き合わなければ、国家のアイデンティティさえ失いかねない。

情報、経済をはじめとした社会のグローバル化、ボーダレス化の流れの中で、国境の存在意義も変化している。国境は国と国とを隔てる境界線という意味ではなく、国と国とが接する面であり、隣り合う両国が抱える問題を協力して解決する窓口の役割となっている。そこには環境問題、食糧問題、エネルギー問題、安全保障問題など国民が生活する上で避けては通れない課題が山積しているのだ。ゆえに、いかなる難問があろうとも、領土問題に関する国家間の交渉の窓口を閉ざしてはならない。

日本の海は、広く大きい。資源も食料もある。そして、その景観には心を和ましてくれる癒しがある。海の利用、海との付き合い方を考えれば、隣国との国際関係の解決の糸口を見出すことができるだろう。

本書を執筆するにあたり、日本財団笹川陽平会長、海洋政策研究財団秋山昌廣会長をはじめ多くの方々から、貴重なご助言と示唆をいただいたことを心から感謝している。また、ここでは、一人ひとりのお名前を挙げることができないが、海辺に暮らす多くの方々からお教えをいただき、厚く御礼を申し上げたい。最後になったが実業之日本社の佐藤克己氏には多くの励ましとご助言をいただいた。

春の太平洋は、優しい陽光のもとで金色に輝いている。この海とともに、日本国、日本人は未来へと歩き続けているのである。

山田吉彦

著者
**山田吉彦**（やまだよしひこ）

1962年千葉県生まれ。東海大学海洋学部教授、博士（経済学）。海洋政策研究財団客員研究員。学習院大学経済学部を卒業後、金融機関を経て、日本財団に勤務。多摩大学大学院修士課程、埼玉大学大学院経済科学研究科博士課程修了。専門は海洋政策、海洋安全保障、現代海賊問題、国境問題、離島問題。主な著書に『日本は世界4位の海洋大国』（講談社＋α新書）、『日本の国境』『海賊の掟』（以上、新潮新書）、『天気で読む日本地図―各地に伝わる風・雲・雨の言い伝え』『海のテロリズム―工作船・海賊・密航船レポート』（以上、PHP新書）、『日本は「海」から再生できる』（海竜社）、『日本国境戦争』（ソフトバンク新書）などがある。

カバーフォーマットデザイン　志村謙（Banana Grove Studio）
本文デザイン　若松隆
図版　若松隆

本書は、『驚いた！　知らなかった日本国境の新事実』（2012年4月／小社刊）を再編集の上、文庫化したものです。

**国境《こっきょう》の島《しま》を行《い》く 日本《にほん》の領海《りょうかい》がわかる本《ほん》**

2016年3月7日　初版第一刷発行

著　者………………山田吉彦
発行者………………増田義和
発行所………………実業之日本社
〒104-8233　中央区京橋3-7-5 京橋スクエア
【編集部】TEL.03-3535-2393
【販売部】TEL.03-3535-4441
振替 00110-6-326
実業之日本社のホームページ　http://www.j-n.co.jp/
印刷………………大日本印刷株式会社
製本………………大日本印刷株式会社

ISBN978-4-408-45667-6（学芸）